U0611908

做青年的知心人、热心人、引路人
——"第一班主任"探索与实践

缪劲翔　主　编

首都师范大学出版社
CAPITAL NORMAL UNIVERSITY PRESS

图书在版编目（CIP）数据

做青年的知心人、热心人、引路人："第一班主任"
探索与实践 / 缪劲翔主编 . — 北京：首都师范大学出
版社，2024.10. — ISBN 978-7-5656-8677-1

Ⅰ . G641

中国国家版本馆 CIP 数据核字第 2024X346H3 号

ZUO QINGNIAN DE ZHIXINREN REXINREN YINLUREN

做青年的知心人、热心人、引路人
——"第一班主任"探索与实践

缪劲翔　主编

责任编辑　耿小婷
首都师范大学出版社出版发行
地　　址　北京西三环北路 105 号
邮　　编　100048
电　　话　68418523（总编室）　68982468（发行部）
网　　址　http://cnupn.cnu.edu.cn
印　　刷　北京印刷集团有限责任公司
经　　销　全国新华书店
版　　次　2024 年 10 月第 1 版
印　　次　2024 年 10 月第 1 次印刷
开　　本　710mm×1000mm　1/16
印　　张　11.5
字　　数　191 千
定　　价　35.00 元

编　委　会

Foreword　　　　　　　　　　　　　序

　　思想政治工作是党的优良传统、鲜明特色和突出政治优势，是一切工作的生命线。习近平总书记强调"要坚持把立德树人作为中心环节，把思想政治工作贯穿教育教学全过程，实现全程育人、全方位育人，努力开创我国高等教育事业发展新局面"。2021年，在全国高校思想政治工作会议召开五周年之际，首都师范大学党委以习近平新时代中国特色社会主义思想为指导，在学校多年思想政治工作的优良传统基础上，创新性探索实施了"第一班主任"制，开辟立德树人新途径、完善"三全育人"新机制、搭建思政工作新平台，进一步强化思政队伍在高校育人和思想政治工作中的核心作用，启智润心、培根铸魂。

　　高校要坚持以高质量思想政治教育引领高等教育的高质量发展，深入把握中国特色社会主义教育强国建设规律和高校思政教育规律，持续开创高校思想政治教育新局面。首都师范大学党委牢牢把握思想政治工作主导权，不断完善体制机制，坚持调动社会力量与资源，搭建大平台、拓展大课堂、构建大师资，激活各育人主体，主动、有序、深度开展"三全育人"工作，打造大思政育人格局，推进大思政育人体系和育人生态建设。自"第一班主任"工作启动以来，学校充分调动社会各方力量和资源，组建由各级教育部门主管领导、学校领导、中层干部、优秀校友、行业专家等构成的多领域、高水平的"第一班主任"师资力量群，深入班级为学生讲授"大思政课"，推进校内外育人资源和基层思政工作深度融合，建立上下贯通、横向协同、层次分明、职责清晰的"第一班主任"、领航班主任、专任班主任联动的"三维班主任"育人体系，营造全校共同研究推进、干部教师主动参与的良好育人氛围。截至2023年底，学校为223个班级配备了"第一班主任"，直接面向9000余名大学生开展思想政治教育工作，基本实现本科非毕业班级全覆盖，全面提升思想政治教育育人质量。

　　"第一班主任"制实践三年以来，汇聚了育人力量，丰富了育人体系，拓展了育人平台，形成了育人案例。"第一班主任"以"大思政课"、主题党课、情景党课、实地参观、共读经典等形式开展价值引领；以主题班会、交流论坛、座谈会、"一对一"深度辅导、文体活动等形式促进学生全面发展，成长成才；以崇高的育人情怀、扎实的专业学识、丰富的人生阅历影响感染每一名青年学子，引导青年、倾听青年、关爱青年，做青年的知心人、热心人、引路人。

总结经验、形成成果，本书是"第一班主任"制阶段性探索成果，收录了各个院（系）开展的实际工作案例，以丰富的形式、有特色的活动，让习近平新时代中国特色社会主义思想学习更加鲜活立体、可观可感、入脑入心，打牢学生成长成才的思想根基。一堂堂主题班会、一次次实践活动、一个个生动场景，既是广大具有教育家精神的"第一班主任"倾心教育、只求奉献的真实写照，也是青年学生走向社会、倾听时代、提升责任感和使命感的生动记录。从探访北京中轴线、城市副中心、乡村振兴建设到考古现场、冬奥场馆、中小学课堂，"第一班主任"带领同学们用脚步丈量首都基础教育沃土，推动思政小课堂与社会大课堂有机统一，涵养新时代大学生"国之大者"情怀。全书较全面呈现了首都师范大学"第一班主任"的生动实践，为新时代高校开展思想政治教育工作提供经验和借鉴。

作为首都培养教师队伍的主阵地，首都师范大学始终坚持立德树人根本任务，弘扬"攀登精神"，不断探索创新大学生思想政治教育，将"第一班主任"育人工作着眼于时代发展大势，将"第一班主任"育人课堂打造成焕发勃勃生机的时代大课，让社会"大先生"哺育未来"好老师"，积极引导青年大学生立大志、明大德、成大才、担大任，努力培养担当民族复兴大任的时代新人。

本书编委会

2024 年 5 月

Contents 目 录

绪论 发挥"第一班主任"育人优势 构建新时代大思政育人体系

为深入贯彻落实习近平总书记在全国高校思想政治工作会议上的重要讲话精神，贯彻新时代党的教育方针，首都师范大学党委坚持以习近平新时代中国特色社会主义思想为指导，创新大学生思想政治教育体系，聚合多方资源优势，探索性实施"第一班主任"制度，构建形成了以"第一班主任"为统领，领航班主任、专任班主任联动的"三维班主任"育人体系，持续完善"三全育人"新格局，实现高质量党建引领高质量育人育才。

第一部分 顶层设计，创新育人新机制

习近平总书记指出："要高度重视对青年一代的思想政治工作，完善思想政治工作体系，不断创新思想政治工作内容和形式。"首都师范大学党委坚决扛起政治责任，守初心担使命，促改革再创新，落实立德树人根本任务，积极构建新时代大思政育人体系，着力提升学校思想政治教育治理能力和水平。

（一）立足长远，统筹全局，精心组织设计

学校党委多年来坚持创新发展思想政治教育，深化推进"三全育人"落细落实。2013年，为落实教育部、北京市关于加强高等学校辅导员、班主任队伍建设的相关意见，制定《首都师范大学班主任工作条例（试行）》，对班主任工作作出具体要求；2018年，为落实"四个引路人"要求，切实发挥高层次人才在本科生人才培养中的示范引领作用，制定《关于开展领航班主任工作试点的意见》，进一步推动大学生思想政治教育改革创新；2019年，制定《首都师范大学加强班主任队伍建设的实施办法》，进一步发挥高校领导干部、专任教师在班级建设中的作用；2021年，创新性探索构建了以"第一班主任"为统领，领航班主任、专任班主任联动的"三维班主任"育人体系，形成了资源配置新策略、深

入一线新方法、基层治理新模式，营造了新的育人生态。

　　"第一班主任"育人体系是由学校领导、中层干部、优秀校友、行业专家组成的"以学生为中心"的全空间多维度的"三维班主任"育人体系，全面落实立德树人根本任务，打造育人共同体，推动各育人主体全程、全方位有机融合、协同育人（见图1）。"第一班主任"突出思想政治教育和价值引领，领航班主任致力于开阔学生学术视野，专任班主任全面关注学生个体成长和班级日常建设。

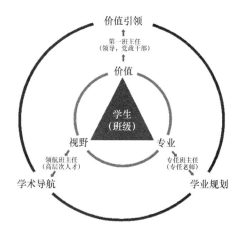

图1　首都师范大学"三维班主任"育人体系

（二）高位推进，汇聚合力，建立长效机制

　　学校把"第一班主任"工作摆在全校党的建设和思政工作的重要地位，纳入学校工作要点和党委常委会重点议题，形成了党委统一调度部署、职能部门全程组织协调、院（系）积极响应落实的"第一班主任"工作机制。通过"五个一"工程，不断健全制度体系，完善基础保障，推进工作的长效发展。成立"一个专班"，组建"第一班主任"工作领导小组，校党委书记亲自"挂帅"担任组长；建立"一个中心"，与北京市委教育工委宣教处党支部联合成立"首都师范大学'第一班主任'思想政治教育实践创新研究中心"，深入探索"第一班主任"育人机制；出台"一套制度"，研究制定《关于实施"第一班主任"制度的意见》，探索形成《"第一班主任"工作指南》，定期编发《工作简报》，推进工作的标准化和规范化建设；形成"一份案例"，将各院（系）"第一班主任"工作的探索与实

践凝练总结形成案例，加大成果的运用推广；组建"一支队伍"，让有大学问、大情怀、大格局、大境界的"大先生"成为学校思政教育的生力军，以"大思政"思维构建学校"三全育人"工作的新生态。

（三）明确定位，强化引领，完善育人体系

"第一班主任"的第一任务是用习近平新时代中国特色社会主义思想铸魂育人，引导学生深刻领会"两个确立"，坚决做到"两个维护"。"第一班主任"实质上是"思政班主任"，引领航向、筑牢信仰，向学生传递党的声音，传播理想与信念的火种，传承中华优秀传统文化，阐释习近平新时代中国特色社会主义思想。"第一班主任"作为学生健康成长的指导者和引路人，虽是"小"角色，却有"大"意义。建立"第一班主任"、领航班主任、专任班主任"三维班主任"育人体系，拓宽师生互动渠道，夯实基层育人工作基础，开辟了立德树人新途径；三类班主任适当分工、协同育人，构建价值引领、学术导航和学业规划一体化的任务体系，完善了"三全育人"新机制；首批"第一班主任"由校领导担任，之后扩展到学校机关和院（系）干部以及有思政工作经验的杰出校友，做到全校本科生班级全覆盖，为全员育人搭建了思政工作新平台。

第二部分　深入推进，讲好"大思政课"

习近平总书记指出："'大思政课'我们要善用之，一定要跟现实结合起来。""思政课不仅应该在课堂上讲，也应该在社会生活中来讲。"高校应不断完善"大思政课"体系建设和提升铸魂育人成效，推动思想政治教育高质量发展。"第一班主任"工作开展以来，统筹拓展育人资源，坚持开门办好"大思政课"，不断在推进思想政治工作育人的体制机制上实现新突破，推动思政小课堂同社会大课堂有机统一，涵养新时代大学生"国之大者"情怀。

（一）量身挖掘育人资源，协同凝聚"优师资"

学校统筹设计、充分挖掘"第一班主任"育人资源，发挥好每一位"第一班主任"自身优势，推动学生拓展专业发展视域，激发拼搏动力，切实提升思政教

育的"魅力指数"。

深入基层联系学生，让身边的榜样引领学生成长。"第一班主任"中的专家学者、管理能手、行业引领者，通过专题讲座、实践调研、面对面谈心谈话等多种形式实现与学生的深度交流。他们走进班级分享治学经历，走进宿舍、食堂与学生谈心，进入学生微信群实时交流互动，邀请学生担任助手，在一点一滴的工作生活中开阔学生视野，引领学生成长。

探索卓越教师培养新模式，让今日之师引领未来名师。学校选聘全国教书育人楷模、全国模范教师、特级教师、中小学校长、幼儿园园长等担任"第一班主任"，通过发挥名师示范引领作用，带动师范生能力素质全面提升。学生在班主任的带领下深入中小学课堂观摩，参加课堂研讨，开展授课服务，在真实的教育教学情境中涵养"教育家精神"。

开辟专业实践新路径，让行业之师引领未来名匠。充分发挥知名校友和行业精英的"名人效应"，发展校企共育项目，为学生创设更为广阔的成长历练平台。学生在班主任的带领下，深入名企参观调研、见习，了解专业、行业发展趋势，畅谈发展规划，为今后的职业发展铺路架桥。

（二）抓住思想政治教育契机，倾力建设"大课堂"

学校依托"第一班主任"机制，抓住每一个教育契机，打造一堂堂生动的"大思政课"。

"第一班主任"走进课堂领学党的二十大精神，弘扬伟大抗疫精神、北京冬奥精神，用好"接诉即办""吹哨报到"等鲜活生动的首都治理实践，设计并讲授一系列具有首都特色的"大思政课"，开展"同上一堂思政大课"300余场。

实施百位"第一班主任"导学育人工程，开展《习近平著作选读》导学260余场，并结合"第一班主任"自身特质创新导读形式，通过集体研讨、主题班会、专题报告、读书分享、生动实践体验等形式，深入对接班级，走进学生、融入学生，讲授习近平新时代中国特色社会主义思想主题党课，强化价值引领，打造出高校党建和思政育人工作新品牌。

"第一班主任"充分利用党课、"开学第一课"、主题班会、团日活动等，向学生传递党的声音，具体诠释习近平新时代中国特色社会主义思想，帮助学生了解世情、党情、国情、社情，筑牢学生思想之基，把好学生理想信念的"总开关"。

（三）立足实践引领思想，深度挖掘"新供给"

"第一班主任"发挥引领辐射作用，创新学习宣传贯彻党的二十大精神，不断探索优化思政育人的内容供给和方法创新。立足实践引领思想，围绕乡村振兴，带领学生走近"第一书记"，深入田间地头开展调查，形成乡村建设方案，助力乡村振兴发展。围绕首都"四个中心"功能建设，带领学生们走进北京中轴线，感受历史文化古韵；走进科技园区，参观国家级重点实验室；走进北京市行政副中心通州区，参观行政办公区、北京城市副中心规划展厅，总览全局，深刻感受城市建设成果。聚焦办学特色，培育师范"大先生"，带领学生走访北京小学教育发展标志纪念地，用脚步丈量首都基础教育沃土，绘制北京小学教育发展地图；走进红色文化纪念场所实践学习。

"第一班主任"以个人情怀、深度体验，真实立体地引导教育学生，在教育情境中带领学生理解教育内涵，培养学生爱国情怀、社会责任感，实现思想政治教育"润物细无声"。

第三部分　纵深发展，积蓄攀登力量

"第一班主任"是学校党委贯彻落实习近平总书记关于教育的重要论述、围绕"培养什么人、怎样培养人、为谁培养人"的根本问题所实施的创新性育人举措，是育人模式、育人方式方法的创新，是推进"大思政课"走深走实的有效探索，也是学校积极引导青年大学生立大志、明大德、成大才、担大任，努力培养担当民族复兴大任的时代新人的深入实践。学校将继续以"第一班主任"为依托和载体，搭建"大平台"、建好"大师资"、做优"大品牌"，全力推动"第一班主任"深入学生群体，打造更加丰富、更为广阔的大思政育人优质生态系统。

（一）坚持发挥"第一班主任"独特优势

学校党委将进一步健全"第一班主任"的组织体系和工作机制，使其运行制度化、规范化，统筹育人要素和资源，推动各环节有效互通、协同联结。学校将定期邀请"第一班主任"以多样化的教育、多维度的引导，不断提高学生思想水平、政治觉悟、道德品质、文化素养，让学生成为德才兼备、全面发展的人才；将汲取"第一班主任"的意见建议，促进教学、科研、管理和育人工作的深度融合，互相支撑反哺，为建设高水平应用型大学、培养高质量创新型人才提供有力支撑。

（二）持续完善"第一班主任"工作模式

学校党委将继续坚守为党育人、为国育才的初心使命，贯彻党的教育方针，以全面理解立德树人的深刻内涵为实践基础，聚力构建多方协同的"三全育人"新格局，造就和培养一批育人队伍，搭建育人梯队，协同推进育人工作持续性开展。尤其要充分发挥党员领导干部走在前、当表率的示范引领作用，带动全校教师跟着学、照着做，凝聚起思政育人的普遍共识和强大合力，释放出全校"大思政"的综合效应，逐步形成更有温度、更具影响、更高质量的"第一班主任"工作模式。

（三）纵深推进"第一班主任"育人格局

学校党委将继续深化铸魂育人，围绕"三抓一深化""三拓展、四落实"有序开展"第一班主任"工作，即抓深育人一线、抓精育人内容、抓实育人效果，深化"第一班主任"育人品牌建设；拓展领域、拓展平台、拓展空间，落实好联系沟通、学生主动参与、特色育人、凝练成果等工作机制，不断推进"第一班主任"走深走实。"第一班主任"作为师生思想交流的平台，有效打通了学生和学校管理者、政策制定者以及社会用人单位的中间环节，学生可直接了解学校、政府和社会的需求，使自身发展方向更加明确，同时"第一班主任"能够更加精准地把握新时代大学生思想动态及行为特点，从而更有针对性地指导和谋划学校思政工作大局，形成了学生与教育管理者之间新的供需交互联动模式，实现了思政育人格局的进一步升级。

第四部分　凝聚特色，彰显育人成效

"第一班主任"是"小切口、大课题"，在推进思想政治工作育人的体制机制上实现了新突破。学校实施"第一班主任"制度，为首都高校"三全育人"具体实践提供了新视角、新思路，创造了新方法、新经验。未来将继续坚持首都师大姓"师"的战略定位，落实高水平研究型大学的办学定位，以服务新时代首都发展为统领，肩负起首都基础教育未来的重大使命。

（一）"大思政"育人共同体规模显著

"第一班主任"选聘范围更加多元、广阔，学校已聘任 223 名。其中，来自中央办公厅、中央组织部、教育部、外交部、国家体育总局及北京市区教育两委等党政机关的领导干部 42 名，基础教育系统校（园）长 40 名，国有企事业单位行业专家 43 名，带动了更多资源、更大力量深入学生一线，推动学校思政工作外延拓展、内涵提升，为思政育人体系构建注入了新动力，产生了良好的示范效应。学生与教师、学生与学校的良性互动不断增强，相互联结形成新型师生关系，进一步提升了学校思政工作的吸引力、感染力，提高了学生的获得感和满意度，打通了思想政治教育"最后一公里"，形成了更有温度、更具影响、更高质量的"三全育人"新格局。

（二）"开放型"育人新生态彰显活力

"第一班主任"突破传统课堂空间、专业等制约因素，丰富多样的"大思政课"为学生带来新认知、新体验，开阔了学生视野胸怀，使学生在深厚的理论浸润和生动的实践体验中不断成长发展。"第一班主任"丰富了"班主任"这一身份，构建了新型师生关系，让理想信念教育、社会主义核心价值观教育、形势政策教育以更加贴近学生的方式呈现，使思政教育吸引力和感染力明显提升，大大提高了学生的获得感和对学校的满意度。学生普遍反映，"第一班主任"制度让领导干部和人生榜样来到自己身边，使自己坚定了理想追求、明确了人生努力方向、消释了成长中的疑惑，今后将更加奋发学习，以青春之力献身祖国建设。

（三）"全润式"育人新经验日益成熟

"第一班主任"工作启动以来，得到了全校师生和社会各界的广泛关注和充分认可，特色经验初步形成、品牌影响力不断扩大。以"第一班主任"工作为实践基础的管理育人项目"'三维班主任'育人机制探索"成功入选教育部2023年度"高校思想政治工作精品项目"；以"第一班主任"工作为主要案例的"高校基层工作落实'三全育人'理念的创新路径研究"获"北京市学校思想政治工作研究课题"资助；与北京市委教工委宣教处党支部联合成立的"首都师范大学'第一班主任'思想政治教育实践创新研究中心"，进一步开展思想政治教育理论和实践创新研究，不断推动"第一班主任"育人机制的深入探索。"第一班主任"的深入推进也得到了《人民日报》、《光明日报》、新华网、中央电视台、中国教育电视台、北京电视台等30多家媒体的持续关注和报道。面向未来，学校将进一步深入总结凝练"第一班主任"工作中的有效模式、先进经验和典型做法，逐步拓展工作队伍，汇聚思政育人力量和资源，持续深化新时代"大思政课"建设，不断提升思政教育的内容供给和方法创新，打造具有鲜明首都特色、师范特点的育人"金品牌"，为北京市高校建立特色鲜明的思政育人工作模式贡献力量，助力学校发展建设和思想政治教育工作再上新台阶。

以"三全育人"为导向，画好立德树人同心圆

　　育人的根本在于立德。育人是一项系统工程，需要党和国家的有力指挥，需要全员的同心同向、全过程的持续培育、全方位的同频共振。首都师范大学坚持把立德树人作为中心环节，把思想政治工作贯穿教育教学全过程，各院（系）统筹校内校外思政教育资源，构建全员、全程、全方位育人机制，履行共育德智体美劳全面发展的社会主义建设者和接班人的责任，助力大学生全面发展。

落实"三全育人"教育理念
构建"五个一"实践活动体系
——政法学院"第一班主任"工作案例

李　颖　缪　舫

为秉持"为学为师，求实求新"的校训精神，发挥"崇德求真，知行合一"的院训精神，首都师范大学政法学院根据学校"第一班主任"制度整体部署，贯彻落实"三全育人"教育理念，凝心聚力，构建"五个一"实践活动体系，提升育心铸魂实效，积极引导青年大学生立大志、明大德、成大才、担大任，努力培养担当民族复兴大任的时代新人。

学院现有"第一班主任"12 名，包括校友 6 人、教育名师 3 人、行业代表人物 3 人，实现本科班级全覆盖。截至 2023 年 12 月，已累计开展 10 余次"第一班主任"育人实践活动。

一、构建"五个一"实践活动体系

为培养具有较高政治素质、道德素质、专业知识，且能主动适应新时代对于哲学、法学和社会工作需求的高质量人才，学院基于"第一班主任"制度，秉承"立德树人，实践育人"的理念，创建"五个一"实践活动体系，即同上一堂思政课，进行一次主题调研，参观一个红色基地，倾听一次学生心声，开展一次就业访谈。

（一）同上一堂思政课

"第一班主任"结合自身的专业特长或成长经历，为学生讲授一堂思政课，加强学生的政治敏锐度，进一步激发学生对理论知识学习的兴趣。

"第一班主任"、时任政法学院党委书记付再组织 2021 级法学班前往中国美术馆参观并讲授了题为"以美为体，以史为魂"的主题党课。她指出，本次活动旨在引导青年接近、欣赏中国文艺作品之美，帮助学生更加深刻地意识到学习贯彻习近平新时代中国特色社会主义思想的重要性与必要性，鼓励学生通过实践奋斗将这一理论内化于心，外化于行。师生一同参观了"致敬经典""墨韵文脉""塔高水长""美美与共"主题展览，徜徉于清新隽永的写意画卷、线条流畅的素描肖像、张扬奔放的书法作品中，共同品鉴中华优秀传统文化之韵。参观结束后，学生们纷纷表示感受到了中华历史的源远流长和传统文化的博大精深，进一步增强了民族自豪感，坚定了文化自信。学生们也充分感受到了中国社会生动的发展活力和催人奋进的时代主旋律，表示在今后的工作与学习中，将多了解中国优秀的传统文化，增强文化自觉与文化自信，发扬民族精神，为实现中华民族的伟大复兴而不懈奋斗。

"第一班主任"、北京师范大学哲学院沈湘平教授组织 2022 级法学班开展专题讲座，将专业知识、热点问题及现实生活进行有机结合，为学生讲授"如何看待'内卷'与'躺平'"主题教育课。他提出"新时代大学生应该辩证地看待'内卷'与'躺平'，抽象继承'内卷'锻造出的吃苦耐劳精神"的观点，寄语同学们在"内卷"时代能够不失上进、超越自我。沈湘平与学生进行深切交流，大家就现实生活中遇到的困惑展开探讨，沈教授结合自身经历提出了宝贵建议。

（二）进行一次主题调研

"第一班主任"以所带班级为单位，在每个班级开展一次与学生生活、发展相关的主题调研活动，了解班级学生的所需所想，认真分析汇总学生中存在的突出问题，及时与专任班主任、辅导员沟通解决。

"第一班主任"、时任学校良乡校区规划建设办公室常务副主任付兴组织2021 级哲学班前往良乡校区参加校区发展规划座谈会。付兴以"一流校园建设思考与对策"为主题向学生做报告，帮助学生进一步了解校区的规划方案和建设进展，增强学生主人翁意识和对学校的归属感。付兴表示学校将秉承"以学生为中心"的理念，加强对重点区域的关注，为师生提供更加便捷、舒适的校园环境。通过座谈，学生们纷纷表达了对良乡校区的美好向往和祝愿，期待新校区在不断完善中能够服务更多的师生。学生以前期调研为基础，结合目前学习、生活现状，从使用功能和校园文化等角度为新校区建设提出了意见和建议。

"第一班主任"、国家体育总局退休干部局健康保障处处长高勇组织 2022 级哲学班在国家体育总局射击射箭运动管理中心进行主题调研。高勇带领师生参观了国家队运动员们的训练，并在专业教练的陪同和讲解下，组织师生体验了射击项目。随后与学生进行了深入交流，高勇强调了体育运动在生活中的重要性，向学生提出了"享受运动，健康成长"的建议。同时，他以学校建校 70 周年为契机，认为青年应秉承"薪火相传，继续奋斗"的初心，在不断强大自我中为母校建设贡献自己的一份力量。

（三）参观一个红色基地

"第一班主任"以所带班级为单位，组织一次参观红色教育基地的活动，始终坚持"立德树人"根本任务，紧紧围绕人才培养中心工作，加强对广大青年学生的思想引领。

"第一班主任"、北京市门头沟区人大常委会副主任、门头沟区委教育工委书记韩兴无组织 2021 级社会工作班全体学生赴门头沟区妙峰山镇开展红色教育活动，跟随习近平总书记的足迹，学习习近平新时代中国特色社会主义思想。妙峰山民族学校校长马焕带领全体人员来到抗洪救灾纪念展室暨思政教室进行参观，一起回顾了抗洪救灾纪念展室背后的故事以及习近平总书记考察学校时的场景。随后，全体人员前往平西情报联络站纪念馆，以参观展馆、观看历史纪录片等形式进行沉浸式参观学习。随着讲解员的生动讲解，大家真切地感受到隐蔽战线情报工作的艰难和危险，进一步领略到老一辈革命家的伟大人格和光辉形象。

"第一班主任"、首都师范大学政法学院院长吴高臣为 2020 级社会工作班学生讲"发展社会工作，增进民生福祉"主题党课。吴高臣结合党的二十大报告重要内容，就社会工作的现状及新发展向学生进行生动讲授。他首先号召学生们要时刻牢记社会工作"增进民生福祉，提高人民生活品质"这一初心使命，响应国家的政策与号召，真正为需要救助的人提供服务。其次，他指出要把增进民生福祉作为社会工作的结果和目标，切实关注弱势群体的迫切需求，及时解决相关问题。最后，他结合二十大报告中明确提出的中国式现代化，指出要开辟社会工作新境界，勉励各位同学将自身的专业发展与中国式现代化的进程紧密结合起来，提升自身综合素养与专业技能，投身现代化强国的建设。随后，师生前往北京公共法律服务中心和北京市宪法宣传教育基地进行参观学习，深化学生对于保障全体公民享受平等权益、维护社会公平与正义的理解。

（四）倾听一次学生心声

"第一班主任"针对所带班级学生关注的问题及共同的困惑，进行"一对一"谈心谈话或集体交流，倾听学生心声，及时了解个体和群体学生的思想、心理、学习以及生活状态，给予他们必要的帮助和关爱，助力学生健康成长。

"第一班主任"、青年教育艺术研究所所长李彩英组织 2020 级政治学与行政学班召开"希望与梦想"主题班会。李彩英邀请班长、学习委员与心理委员等 10 余名同学从学业规划、在校生活、心理压力、个性分析与备考感受等方面进行经验交流，并作出指导性点评。带领同学们开展了富有趣味的心理测试和心理游戏，班会整体气氛活跃热烈。

"第一班主任"、商务印书馆商印文津文化（北京）有限责任公司总经理王希在商务印书馆涵芬楼书店与 2023 级哲学班同学畅谈大学生活，并且结合自身经历为同学们未来的大学生活提出建议：一是主动阅读、勤于阅读，在专业外拓宽阅读领域，拓展生命宽度；二是勇于走出象牙塔，多去实践，将理论知识运用到实际生活和工作中去，为未来发展打好基础；三是珍惜同学间的友谊，与同学和谐相处，共同度过大学美好时光；四是保持勤奋勤勉，做德智体美劳全面发展的新时代青年。

（五）开展一次就业访谈

"第一班主任"充分利用学校、学院平台，与学生进行面对面交流，解答学生有关考研、就业、专业发展等方面存在的困惑和疑问，把工作落实、落细、落小。

"第一班主任"、政法学院院长吴高臣组织 2020 级社会工作班召开新学期座谈会。会上，同学们踊跃发言，作为毕业年级重点围绕就业状况及就业期望进行交流，畅谈实习过程中的感悟与收获，并就自身未来发展作出了规划。在场学生就学院招聘信息的分享、考研初试和复试的指导等方面提出了诉求，吴高臣围绕社会工作专业的就业特点、当前的就业形势、毕业生的就业选择等方面逐一进行了分析解答，针对有求职意愿的毕业生，建议合理设定就业期望，"先就业，再择业"，尤其是有考编意向的毕业生，建议认真阅读招聘启事，掌握政策要求。针对考研毕业生，建议从自身情况出发，总结经验，合理设定目标。

二、探索"第一班主任"模式建设经验

（一）强化落实，贯彻落实"第一班主任"职责

结合学校工作精神，学院对"第一班主任"的基本职责作出明确规定，对工作的具体开展提出要求。要求全体"第一班主任"要从讲政治的高度去理解、把握和细化相关工作的重要意义，在落实"第一班主任"工作过程中准确了解和掌握学生的日常表现、总结学生成长规律，不断探索将学生工作与教育教学工作相结合的新路径，形成同向同行、同频共振的叠加效应，打通学生教育管理服务的"最后一公里"。

（二）形成合力，促进学生教育管理同向同行

在"第一班主任"工作的推进过程中，学院充分考虑"第一班主任"与专任班主任的工作关系，明确二者之间为并存互补关系而非替代关系。专任班主任以日常工作为主，对学生进行整体的思想政治教育和日常行为管理；"第一班主任"以强化思想政治教育为主，进行具体思想引领、人才培养、班级建设和学业指导，以"润物无声"的方式引导学生成长成才。政法学院在聘任"第一班主任"的过程中，充分考虑到学缘结构、专业契合、专业技术职务和年龄等因素，整体队伍当中既有青年领航人，也有知名专家学者；既有校内思政工作者，也有社会精英力量。

（三）传承创新，推动思政育人高质量发展

学院所打造的"五个一"实践活动体系具有内涵深厚、形式鲜活的特点，学生好评度较高。在面对面的交流、参观、学习中给予学生最直观的教育感召，树立了最贴近的榜样，化思政教育于无形，促进学生全面发展。政法学院充分发挥学生工作办公室的统筹协调作用，定期研讨"第一班主任"工作进展，采取活动意向征集、活动效果反馈等方式全过程保证工作落地见效；专任班主任及时与"第一班主任"分享学生个人近况，及时沟通班级建设情况，力争协同合作、同向发力，共同助力学生成长成才。

（四）"五育"并举，助力学生全面发展

在学院实行的"五个一"实践活动体系中，"第一班主任"与学生们之间从"单向教授"转向了"双向交流"，激发了"第一班主任"制度的活力。"第一班主任"能够结合自身所长进行多样化教育，着眼于学生的获得感，注重培养学生德智体美劳全面发展。从实践教育到演讲培训、从思想引导到心理疏导、从日常课程到生活琐事，"第一班主任"将线上和线下相结合，将课内与课外相结合，充分运用社会资源，把多样的方式、多维度的实践活动贯穿到学生整体的教育体系中，营造了良好的学习氛围，指导学生结合自身发展特点与专业特点制定和调整学涯、职涯目标与规划，以多样化的教育、多维度的引导促进了"全方位育人"长效机制的形成。

三、"第一班主任"思政育人效果显著

思想政治工作不仅要入脑，更要入心，要将教育内容内化于心、外化于行。习近平总书记指出："好的思想政治工作应该像盐，但不能光吃盐，最好的方式是将盐溶解到各种食物中自然而然吸收。"从政法学院的"五个一"实践活动体系来看，实行以"三全育人"为核心理念的相关机制对于学生的学业、心理、思想教育等具有良好的促进作用，对学生工作的协同开展、加强组织领导具有积极有力的影响。

在"第一班主任"制度推动下，学院结合自身实际情况，构建"五个一"实

践活动体系，落实"三全育人"最终目标，从全方位、多角度出发，注重方式多样，通过外出参观、主题调研、座谈等多种形式，构建育人实践共同体，建设协调发展、相互促进的多学科人才培养基地，各育人主体利用各种优势和资源，拓宽实践育人平台，实现课程思政与思政课程的持续融合，让各学科发挥协同育人作用。同时，引导"第一班主任"提升思想教育和引导的能力，利用好课程、实践活动、网络平台等，打造有特色的精品活动，给学生最大限度的实践展示空间。将育人内容渗透到第一课堂和第二课堂，通过实践平台，将课内知识延伸至课外，鼓励学生通过专题调研、社会服务、主题分享、实习实训、创新实践等形式增强自身的实践能力。让学生在社会实践的大熔炉里得到锻炼，促进学生实现自我管理和自我教育、自我服务和自我组织，在实践中提高学生的思想政治素质、人文素质、能力素质等，培养学生健全的人格和全面的发展，使学生真正成为能够担当民族复兴大任的时代新人。

学 生 反 馈

上了大学后，学习哲学专业让我有点迷茫，不知道将来究竟要怎么就业。在这次的"第一班主任"活动中，王希老师的经验分享为我开拓了新的就业方向和领域。我们可以做哲学书籍的编辑，既发挥了专业特长，又实现了自身的社会价值，对就业越来越难的人文学科领域实在是大有裨益，"第一班主任"活动让我们找到了人生的新方向。

——政法学院 2023 级哲学班　王晓愉

在"第一班主任"活动中，沈湘平教授以其深厚的哲学社会科学专业背景，为我们带来了一堂别开生面的"大思政课"。我深入思考了沈教授提出的当代年轻人"躺平""摆烂"的背后原因，以及应该如何积极面对生活和工作中的挑战。沈教授的话语让我深受启发，也让我重新审视了自己的人生态度。未来我将以攀登精神为引领，肩负起青年使命，不断超越自我，为实现自己的人生目标而努力奋斗。

——政法学院 2022 级法学班　刘埡汶

　　"第一班主任"制度的设立对于我来说最大的收获，应该是通过与付兴老师的交流，深刻意识到以身践行仍旧是最好的教导。付兴老师向我们介绍了学校海淀校区的具体建设措施，同学们对于正在筹划中的咖啡厅很感兴趣，兴奋地提出了很多问题和意见，都被付老师一一解答与记录。在介绍良乡校区发展规划的时候，付老师详细而全面地向我们展示了良乡校区建成时的风貌，对于校区搬迁后老师以及同学们的各种实际生活和交通等问题也给出了具体解决方案，这让我对良乡校区更有了一些期待。

　　　　　　　　　　　　　　——政法学院 2021 级哲学班　赵璐明

　　我认为"第一班主任"最大的特色，在于邀请非本学院的老师们来担任。老师们能够以走出课堂的独特视角来看待班集体建设，和专任班主任一起配合，相辅相成，从学习和生活两个角度来帮助我们树立乐观向上和积极学习的心态，真正做到了"教学相长"，让师生共同成长。我曾有幸选修了李彩英老师的课程，彩英老师幽默风趣的授课风格和认真负责、关爱学生的态度深深感染了我，也让我在"大学生演讲"这门课的学习中收获颇丰。缘分使然，彩英老师又在一年后成为我们的"第一班主任"，她设计了诸多有趣的心理测试小游戏、才艺展示活动，我和大家分享自己的生活体验、学习感受，这是以前从未有过的愉快体验。

　　　　　　　　　　　　——政法学院 2020 级政治学与行政学班　王兆骏

　　在上学期，高勇老师带领哲学班前往了国家体育总局射击射箭运动管理中心参观学习。同学们一同观摩了国家队的日常训练，还有幸体验了两种射击运动。在学习和体验的过程中，我感受到了作为专业运动员，天赋、努力、坚持、坚韧都是必备的品质。在和高勇老师的座谈交流中，我学习到了体育锻炼对身体健康和个人生活的重要作用。日常生活中，高勇老师也经常与同学们交流，关心同学们的学习和生活，让同学们备感亲切。

　　　　　　　　　　　　　　——政法学院 2022 级哲学班　卢婉欣

　　通过"第一班主任"活动，我们与老师以对母校的眷恋为纽带，在互动交流过程中多了几分亲近感。与同辈群体相处较多的我们，对这样一次与优秀校友交流的机会格外珍惜。我们在实地参观和与韩兴无老师的深度交流中学习到很多在平时生活中了解不到的知识与技能。我觉得"第一班主任"更像一位"大师哥"，在向我们分享他的经历与收获。"第一班主任"老师不仅传授知识，还分享他们的职业经历和人生感悟，这些宝贵的经验对我们未来的职业生涯规划具有重要的指导意义。

——政法学院 2021 级社会工作班　李悦华

育心铸魂担使命　凝心聚力促成长

——心理学院"第一班主任"工作案例

杨艳艳　刘梦孜

"第一班主任"是落实"三全育人"教育理念的重要方式，是加强思政教育的重要举措，是依托班级建设辐射全院本科生人才培养的重要途径。首都师范大学心理学院高度重视该工作，自 2022 年 3 月首批开展聘任工作起，先后聘任了首都师范大学马力耕副校长、北京市大兴区教委主任赵建国、北京市海淀区心理康复医院院长李文秀、北京市大兴区教师进修学校副校长代玉美等 8 位校内外专家和教师担任本科生"第一班主任"，现已达到全院本科班级全覆盖。

学院以"第一班主任"工作为牵引，构建"2＋4＋4"立体化工作体系，即依托 2 个专业特点选聘"第一班主任"；遵循 4 个年级学生发展规律，捕捉工作开展的窗口期；探索学院班主任工作体系，"第一班主任"、领航班主任、日常班主任、朋辈班主任 4 个层面各有侧重、协同分工，坚持以思想引领为核心、以学风建设为重点、以科研创新为突破、以文化氛围为纽带，同学校"攀登计划"相结合，秉持心理学院"博学敏行，育心明理"的院训，面向国家认知神经科学重大工程、面向人民群众社会心理健康服务重大需求、面向心理健康教育事业，培养具有专业知识、创新精神、实践能力、家国情怀的新时代心理学人。

一、依托学院专业特点，科学选聘"第一班主任"

学院下设两个本科专业，分别为心理学（潘菽实验班）和心理学（师范），培养方案和人才培养目标各有侧重。因此如何选聘合适的人员担任"第一班主任"成为首要问题和工作出发点。

（一）科创融合，培育时代"心"人

心理学（潘菽实验班）侧重于培养具有心理学专业知识的科研型、应用型人

才，以首都师范大学与中国科学院心理研究所成立的科教融合创新中心为依托，旨在充分借助中国科学院的学科优势和条件，在导师制、小班化、个性化和国际化的基础上，加强大师引领，培养具有扎实的专业技能、良好的科学人文素养、开阔的国际视野、崇高的家国情怀的创新型人才，尤其是能够将心理学与人工智能等科学技术相融合的多元人才。因此该专业在"第一班主任"的选聘上侧重于科研专家型教师和心理学应用领域的专业人才。

以马力耕所带班级为例，该班级曾先后开展过"创新、育心、研心"主题班会，重点提出参与科研的过程中要不断培养批判性思维，学会用科学的方法去寻找科学问题、解决科学问题，用科学的语言去描述科学问题；"走进实验室，体悟科研人的一天"让同学们实地感受实验环境和科研氛围，学习体悟科研人勇攀高峰和攻坚克难的精神；开展"践行科学家精神"讲党课主题活动，鼓励同学们树立爱国情怀和报国之志，勇于攻坚克难，践行专业所学。这些活动均以科研创新、深造深耕为主题，最大限度地贴近同学们的专业发展和学院育人目标。马力耕向班级同学赠送了心理学专业书籍《大脑传》，班级通过自主阅读、小组共读、班级分享等多种形式开展了"共读一本书"的暑期读书活动，激发了同学们投身科研的兴趣和潜力。在马力耕的带动之下，2020级心理学非师范班林姝同学对脑科学产生了浓厚的兴趣，在生理心理学领域找到了自己未来的主攻方向——认知神经科学。她作为一名转专业来到心理学院的学生，在完成好自己本专业学习的同时，加入于萍老师的生理心理学课题组进一步学习探索，学业科研两开花。经过不懈的努力，最终她以专业第一的成绩被保送到北京脑科学与类脑研究所并获得硕博连读资格。

（二）学思践悟，彰显师范底色

学院自 2018 年开始招收首批心理学（师范）专业学生，意在为首都基础教育领域培养具有心理学专业知识和师范生技能的专业人才。学院为师范班选聘了北京市大兴区教委主任赵建国、北京市大兴区教师进修学校副校长代玉美等一批扎根北京基础教育领域多年的优秀校友担任"第一班主任"，他们熟知北京市基础教育领域对于未来教师的选拔标准，由他们担任"第一班主任"能够更好地指导我院师范生培养工作，优化培养方案，搭建实践平台，共建育人体系。

在此期间，"第一班主任"赵建国组织"探企访校勤实践 扬帆起航勇攀登"实践参观活动，带领 2020 级师范班的学生前往北京北冰洋食品有限公司、大兴国际氢能示范区、北京市大兴区第一中学开展主题调研参观活动。赵建国围绕大兴区第一中学教育品牌创建、新课堂模式探索、学科交叉融合等主题，勉励同学们在夯实专业知识、提升师范生素养的同时，勤于思考，开阔视野，以更具时代使命感和责任感的担当精神和勇于突破创新的探索精神，为推进基础教育高质量发展贡献力量。2020 级师范班的齐可欣同学胸怀师范生理想，致力于成为一名优秀的中小学心理教师，在校期间多次参加各类师范技能大赛，荣获校级"师范风采大赛"二等奖、"奋进新征程 聚力勇攀登"第八届大学生阅读演讲比赛二等奖的好成绩。在"第一班主任"的引导和鼓励之下，她坚定选择、勇于挑战，在专业学习上不断严格要求自己，最终以专业第一的成绩被保送至北京师范大学攻读心理健康教育专业硕士。在充分分析专业培养目标的基础之上，选聘与之相匹配的"第一班主任"方能事半功倍，有针对性地开展与专业未来发展相关的班级活动，让同学们在活动中有所思考、有所触动，在活动后有所反思、有所行动，方能显现育人实效。

二、遵循学生成长发展规律，捕捉工作开展窗口期

大学阶段每个年级的学生都各有特点，每个阶段对于学生而言主要任务也是不同的。学院"第一班主任"工作的开展正是从学生发展规律出发，从学生实际需求出发，从解决学生当下急难愁盼的困惑点出发，真正做到驻班更驻心。

（一）拔节孕穗，扣好大学的第一粒扣子

大一阶段需要扣好大学的第一粒扣子，完成从高中生到大学生的思想转变，快速适应大学生活、建立对专业的认知、掌握好学习方法等都是大一阶段的必修课。

在新生入学初期，"第一班主任"李会先讲授了"胸怀大局 勇担使命 做新时代优秀大学生"主题党课，为同学们深入解读党的二十大精神，强调心理学肩负

着让社会变得更加安稳与和谐的使命，承担着解决社会问题与矛盾的重大责任，并赠送精心准备的书籍《习近平与大学生朋友们》，希望同学们把崇高理想信念和道德品质追求转化为具体行动，指引自己的学习和生活。

"第一班主任"北京市海淀区心理康复医院院长李文秀、学院党委副书记杨艳艳开展"从心出发 向新而行"座谈会。李文秀就国家政策支持、心理学就业前景、就业择业观及专业学习与同学们深入交流，希望同学们能够将职业理想落实到具体行动之中，杨艳艳鼓励同学们勇于扩大舒适区、追求成长区，面对困难时多探索，少逃避，广泛参加社团活动，提前进行学业规划，在实现自我的质性飞跃上不断探索。活动很好地帮助大一新生建立正确的价值观、人生观，更好地应对大一阶段的迷茫、懈怠、困惑等问题，快速适应新环境，迎接新挑战。

（二）勇于探索，探寻未来发展的无限可能

大二阶段学生面临专业课任务加重、初次加入科研导师组开展科研任务等情况，因此做好专业探索和科研启蒙是这一阶段的关键任务。

"第一班主任"臧强以"人才需求与师范生职业生涯规划"为题开展主题班会，鼓励同学们正确认识就业形势，精准做好自我探索和职业探索，找到适合自己的未来发展方向；为更好地培养同学们的创新意识、促进专业成果产出、加强科研和学业指导，开展"踔厉奋发新时代，双创助力新征程"主题班团活动，活动中多名学生分享自己在大学生创新创业训练项目和实验室科研项目中的参与情况和所学所获，臧强老师勉励同学们充分利用好校内外的课程及科研资源，做勇于实践的人。2023 年 6 月，臧强老师带领同学们赴中国科学院心理研究所参加"领航未来，逐梦科研"的参观活动并开展主题讲座，更好地帮助大二学生建立科研思维、了解前沿的科研方法和技术。

针对师范生学院开展"做幸福的心理健康教育者""第一班主任"主题讲座，心理学院 1997 级本科校友代玉美老师与同学们有着天然的亲近感和熟悉感，更是激发了同学们的求知欲和好奇心。在讲座中，她耐心地回应同学们关心的重点话题，指出教师工作应做到专业化、综合性和信息化，鼓励同学们要提前做好职业规划，培养过硬的专业技能，做到德才兼备、德字为先、志存高远、明晰方向、学思

并行、与时俱进，让同学们备受启发，更加坚定了未来从教的职业理想。

（三）行稳致远，明确未来发展目标

大三阶段学生专业学习进入稳定期，个人对于未来发展的规划逐渐清晰，在这一阶段开展考研动员会、未来职业探索等活动尤为关键。

2023年4月，"第一班主任"马力耕开展"踔厉奋发，共赴未来"主题班会，分享自己的读研经历，提出成功的三条标准——学习动力充足、坚持不懈、心无旁骛；强调个人兴趣和专业基础知识能力的重要性，鼓励同学们要根据个人情况选择适合自己的人生奋斗之路；并解答同学们多个关于考研的热点问题，如"如何选择院校、导师和方向""研究生的不同培养方式间的差异"等问题，为正处于考研择校迷茫期的同学们注入了一剂强心剂。主题班会加深了心理学子们对于研究生教育的理解和认识，为学生们提供了宝贵的学术经验和个人成长的借鉴。

2023年6月，"第一班主任"赵建国带领2020级师范班的学生前往北京市大兴区第一中学、北京北冰洋食品有限公司、大兴国际氢能示范区开展主题调研参观活动。同学们深入观摩了北京市大兴区第一中学多样化的教学模式及其独特的设计理念和教育理念，感受到了创新与传承的魅力。赵建国指出大兴区教育不断改革创新，在教育品牌创建、新课堂模式探索、学科交叉融合等方面推进基础教育的高质量发展。勉励同学们要开阔个人视野、夯实专业知识、提升师范生素养，努力成为一名合格的心理健康教师，期待心理学子们未来能投身大兴区基础教育。活动很好地开阔了同学们的视野，同时激发了同学们对于教师职业的敬畏之情和向往之意。

（四）坚定选择，笃行不怠，勇毅前行

经过前三年的不断强化和充分准备，进入大四升学和就业的冲刺阶段，同学们要开始独立承担更多的责任和挑战，这时候爱校荣校教育、职业价值观的引领显得尤为重要，开展就业指导、实习实践指导等能帮助他们更好地迈入职场。

学院邀请"第一班主任"为毕业班开展"树立正确价值观，引领生涯发展"主题活动，搭建育人实践平台，帮助学生找准自身定位，树立就业信心，鼓励青年学生将个人理想融入祖国和民族发展，肩负起时代使命。2024 年恰逢首都师范大学建校 70 周年，为使毕业班同学们更好地了解回顾学校历史、传承学校精神、激发爱校情怀，"第一班主任"马力耕带领学院 2020 级本科生走进校史馆，开展"溯寻峥嵘校史路 传承使命育心人"主题实践参观活动，让同学们更加深入全面地了解学校发展的历史进程，进一步理解"为学为师，求实求新"的校训内涵，增强爱校、荣校的归属感和荣誉感。

三、探索学院班主任工作体系，协同共育时代新人

学院以"第一班主任"为突破口，积极探索班主任工作体系，现已形成以"第一班主任"为思想引领、领航班主任为专业领航、专任班主任为学业发展、朋辈班主任为朋辈帮扶的多层次、全过程、全方位的育人工作模式，四个层面各有侧重，协同合作，针对不同年级、专业制定不同方案，经过近年来的探索和实践，在学生思政教育、人才培养中发挥着至关重要的作用（见图 1）。

"第一班主任"突出思想政治教育和价值引领，通过各种形式、各种途径、各种活动向学生传递党的声音，引导学生树立用专业所学践行服务社会、奉献国家的家国情怀。如在"喜迎二十大，同上思政课""第一班主任"见面会上，赵建国主任鼓励同学们作为未来的教育工作者，更应当做对国家和民族有情怀、有担当、有责任感的人，将个人成长、国家富强、民族复兴紧密地联系在一起，用实际行动践行"时代创新，强国有我"的信念。

领航班主任侧重学生学术视野的拓展和学术追求的引导，帮助学生做好专业启蒙，建立专业自信，引领学术方向。学院 2018 年设立领航班主任，先后由中国科学院心理研究所蒋毅教授、心理学院罗劲教授、心理学院院长王争艳教授担任，开展"只争朝夕 不负韶华"——成为更优秀的自己、"心理学是做什么的"、"大学四年应该如何度过"和"世界心理学的发展历史与现状"等系列主题讲座，领航班主任结合自身科研经历，以风趣幽默的形式引用古今中外案例向同学们分享大学与人生，带领学生跳出专业看专业，近距离体验心理学起源及发展脉络，从实践中审视学术，促使学生秉承着更加坚定的信念开启心理学科的探索征程，引领学生强化科研创新能力的培养。

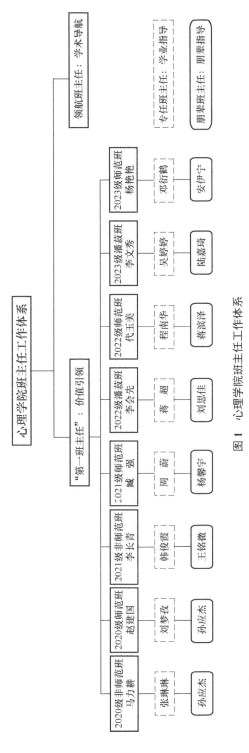

图1 心理学院班主任工作体系

专任班主任侧重班级文化建设、学风建设、专业学习指导，学期初组织开展主题班会、定期召开班委会等，为学生开展丰富多彩的班级文化活动，提供学业规划精细化指导、个性化支持与针对性帮扶。根据班级特点举办"心理海报展示沙龙"，将学生们的心理学研究思路或心理学好书通过海报的方式呈现展示，相互交流分享；以班级为单位举办"1 vs 1 心理主题辩论赛"，引导学生勤于思辨，勇于表达；举办共读一本书"积极心理学"主题读书分享会，由班主任老师领读领学，学生代表分享不同章节，引导新生树立积极心理品质，更好地克服和应对大学生活中的挑战与困扰；举办"心理学文献汇报交流会"，引导学生初步掌握文献检索和阅读能力，启蒙学生科研思维。这些活动从学生的兴趣和需求出发，很好地增强了学生的内驱力，在全院营造出浓厚的学风氛围。

朋辈班主任侧重发挥朋辈作用，从同龄人的角度提供帮扶和指导，加强本、研协同育人，促进本、研学生相互交流、心理疏导、学业帮扶。学院自 2020 年 9 月起选聘优秀的本院研究生担任朋辈班主任，现已有 4 届共计 20 余名学生担任过这一职务。定期开展专题工作研讨会及培训会，结合新时代学生的个性特征和学生需求，创建"朋辈下午茶"，为班级学生提供朋辈学业访谈、深度辅导、学业学习方法分享、就业经验分享讲座，同时协助班主任老师处理学生心理情绪困扰、班级宿舍人际关系等问题。朋辈班主任的设立能够更好地打通学生之间"最后一公里"的距离，是对专任班主任工作的补充和延伸。

为了更好地促进各班主任工作高效精准开展，学院成立班主任工作领导小组，由书记、院长任组长，统筹"第一班主任"、领航班主任等资源，党委副书记、教学副院长任副组长，共同谋划制定方案，专职辅导员、教学秘书承担日常运行任务，扎实推进各项工作。每学期在领导班子会上进行一次班主任工作专题汇报，研究部署工作。同时定期组织召开班主任工作研讨会、培训会、座谈会等，及时有效地指导班主任工作的开展，不断提升铸魂育心工作实效。

四、育心铸魂担使命，成行桃李结硕果

"第一班主任"为原有班主任体系的深化与拓展，能更准确地把握育人方向和目标。自该项工作启动以来，老师们以崇高的育人情怀、扎实的专业学识、丰

富的人生阅历感染着每一名学子。主题班会上语重心长的教导、实践活动中耐心细致的指导、交流分享会上娓娓道来的讲述，都成为印刻在学生心目中"第一班主任"的生动形象。他们如同深夜里的点灯人、岔路口的指路人，在学生迷茫徘徊之际给予关怀指导。活动后每每有学子表示，思想得到了升华，观念受到了洗礼，视野得到了开阔，心态变得更加积极，在活动中有真实的获得感和参与感。越来越多的学生更意识到心理健康教育的重要性、必要性，深知自己肩负的时代使命，在校期间更有意识地夯实专业基础，综合素养得以全面提升。

吴雪菲同学在"全国大学生心理辅导课教学创新展示会"上荣获二等奖。毛行知同学的"天空之境·运河小镇"项目荣获"挑战杯首都大学生课外学术科技作品竞赛·青砺基层"社会治理专项赛北京市特等奖。2020级心理师范班荣获校级"十佳班集体""活力团支部"荣誉称号，B736宿舍、B734宿舍先后荣获校级"十佳宿舍"荣誉称号。实习见习期间，同学们能够充分发挥自己的专业优势，为实践学校开展"5·25心理文化月"等活动，收到实习学校发来的感谢信。他们在实践中也进一步增强了专业自信、职业自信。首届心理学师范专业毕业生签约率达52%，多名毕业生成功入职海淀区、西城区、丰台区重点学校，为学院师范专业的建设注入了一剂强心剂，营造了首届师范生毕业就业率开门红的良好局面，为后续的专业建设、人才培养打下了良好基础。在心理学非师范专业方面，近两年多名学生被保送或考取至北京师范大学、中国科学院心理研究所、浙江大学、华东师范大学、西南大学、香港中文大学、伦敦国王学院等国内外知名学府，通过一系列的"第一班主任"活动更好地营造了勤奋好学、锐意进取的班级学风氛围，激发了全院学生的学习动力，促进了优良学风、院风的形成和学院人才培养质量的提升。未来学院将在现有模式和工作体系上进一步创新突破，奋力攀登，为加快建设中国特色、世界一流师范大学贡献智慧与力量。

学 生 反 馈

马力耕校长作为我们的"第一班主任"，一直言传身教地影响着我们，在疫情防控期间为我们进行政策解读，告诉我们作为青年大学生应该担负起肩上的责任。在学术交流中对我们的未来规划进行指导，通过自己的学术经历给予我们鼓励和帮助。另外，马校长还带领我们参观校史馆，从历史的角度为我们提供思想上的引领。在与马校长的交流中，我能够感受到一位资深的研究者对于科研的认真与热爱。我始终记得马校长对我们的寄语："既要严谨治学、专心致志、潜心钻研，更要胸怀天下、勤奋求学、服务社会。天道酬勤，一分耕耘一分收获，未来的精彩一定属于你们！"我们也一定不会辜负马校长的期望，在未来继续书写自己的美好篇章。

——心理学院 2020 级心理非师范班　陈　越

通过"第一班主任"赵建国老师精心组织安排的导学育人活动，以及他将"大思政课"融入同学们的学习生活中而给出的如"大家长"一般的指引，我深刻认识到了学校邀请"第一班主任"为我们强化思想引领、筑牢信念根基的良苦用心。赵老师勉励我们要开阔个人视野、夯实专业知识、提升师范生素养，努力成为一名合格的心理健康教师。在学校、学院的引领下，2020 级心理师范班也始终牢记"第一班主任"对我们的示范与指引，将与"第一班主任"深入交流所收获的学习成果转化为实践成绩，牢记师范生使命，努力拼搏、奋勇前进。

——心理学院 2020 级心理师范班　李立文

代玉美老师的分享让我对心理教师的工作有了更为全面和深入的了解。我明白了心理教师的工作重点在于关注学生的成长，引导他们形成正确的价值观，培养他们独立思考和解决问题的能力。除此之外，心理教师并不只是学科教师，我们很有可能成为班主任，因此也需要具备全面的教育教学能力，以及良好的沟通、组织和管理能力。对于我们来讲，要提前明确目标、尽早培养技能，毕业后方能站得住讲台，无愧"老师"这一称呼。

很感谢学校提供了这个宝贵的机会，感谢代老师能成为我们的"第一班主任"。我相信，在代老师的激励和带动下，通过不懈努力，我们一定能共同迎接更加美好的未来。

——心理学院 2022 级心理师范班　吴　珂

　　北京市海淀区心理康复医院的李文秀院长是我们2023级潘菽实验班的"第一班主任"，李老师留给我的第一印象就是亲切、平易近人。在见面会上，李老师讲了心理学的就业前景和方向，强调了专业课学习的重要性，正所谓"有志者，事竟成"，如果没有理想的指引，我们的大学生活将会是一盘散沙；正如"合抱之木，生于毫末；九层之台，起于累土；千里之行，始于足下"，要在实践中夯实专业基础，提升专业素养，不断探索自我潜能，培养成长思维，保持积极情绪，以学识涵养精神，以专业丰富自我。李老师的殷殷嘱托和谆谆教诲为我们日后成长为心理学领域的优秀工作者种下了一颗希望的种子。

——心理学院2023级心理潘菽实验班　李泽林

以艺载道强思政　以美育人照前程

——美术学院"第一班主任"工作案例

刘添娇

为深入学习贯彻党的二十大精神，进一步把习近平新时代中国特色社会主义思想与美术学院学生思想政治教育紧密结合、有效融合，扎实推进落实学校"三维班主任"体系建设工作，进一步加强学院班主任队伍建设、提升班级管理水平，首都师范大学美术学院深入各班级调研，分三批先后聘任15位教育主管部门领导、学校分管领导、学校中层干部、美术学院领导班子、优秀校友和行业专家作为学院"第一班主任"，逐步探索构建以学生为中心，思想引领、学术导航和学业规划协同发展的多维度、引领式、实践性的思政育人体系。

学院"第一班主任"立足专业特色、聚焦学生发展，以班级建设为载体，重点发挥政治引领作用和"三全育人"的示范作用，每位"第一班主任"对接一个班级，深入了解学生思想动态和实际需求，以高站位、大格局、深层次的教育视野，指导班级管理、参与班级活动，帮助学生全面成长和发展。自2021年工作开展以来，"第一班主任"联合学院领航班主任、专任班主任和博士生副班主任，共同参与班级建设与管理，形成了学校、学院、班级之间联通上下，三位一体，全面覆盖的"三维班主任"育人体系，切实助力学生立大志、明大德、成大才、担大任，为学生的未来铺就坚实的基石。

一、"融美于学"立大志——以艺立德，培根铸魂

美育是促进学生人格健全完善的重要途径，也是新时代国家文化发展的重要战略。作为师范类院校的美术学院，更要回应好时代对于美育的需求与期待。学院"第一班主任"充分发挥导学育人作用和价值引领作用，坚持深入所对接的学生群体，走进班级，通过班会、团建等多种形式，结合学院专业特点，引导学生们把书本学、实践学、现场学结合起来，以"艺"立志立德，培根铸魂；走进学

生，进行面对面交流，既消除了学生与"第一班主任"之间的身份隔阂，又通过共情式的对话建立起师生间的同理心，构建了与学生间紧密、有效的沟通方式。

学校纪委书记杨琬自担任美术学院"第一班主任"以来，以习近平新时代中国特色社会主义思想为指导，坚持"为党育人，为国育才"的育人理念，积极引导学生全面准确深入地理解党的二十大精神和习近平新时代中国特色社会主义思想的内涵外延。为同学们召开主题班会，立足美术学科特点，鼓励同学们坚持理论学习与社会文化艺术实践紧密结合，通过"学"，升华艺术理想和道德情操，通过"做"，将实践本领反复锤炼，嘱咐同学们要与美术学院的前辈们一起，立足"以人民为中心"的主流美术创作导向，扎根鲜活的现实生活，积极参与到重大题材美术工程等主流创作中，为探索具有中国特色的美育工作贡献首都师大美院力量。

《新京报》社党委副书记（学校原纪委书记）李丽辉担任美术学院第一批"第一班主任"，坚持党建引领育人，疫情防控期间多次向同学们解读疫情防控政策，提高同学们的思想认识和大局意识，并以此为契机，倡导班内同学无论身处何时何地，都要有"实现中华民族伟大复兴"的大志向、"推动中华优秀传统文化传承创新"的大情怀。李丽辉结合美院"红色记忆"、党史学习教育、"冬奥有我"主题设计系列品牌活动，向视觉传达设计班开展主题宣传教育，探讨荣校爱校品牌活动建设，浸润式引导师生爱党爱国爱校，助力学校营造良好的校园文化氛围。

在学校先后两任纪委书记的倡议和支持下，学院师生将廉洁教育、艺术创作与人才培养有机结合，以廉洁文化启智润心、以高尚道德砥砺品格，开展了"以艺倡廉——大学生廉洁文化海报设计及数码绘画作品展"，被中共北京市纪律检查委员会、北京市监察委员会以及学习强国、首都宣教之窗、《新京报》、千龙网、中国网等媒体广泛报道。

二、"寓美于教"明大德——涵养师者匠心，坚守美育使命

投身祖国教育事业是众多美术学院学子的重要人生规划，美术学院"第一班主任"高度凝聚学院办学理念，坚守姓"师"本色，涵养师者匠心，怀揣美育使

命，坚持学院"为师、为学、为艺"的初心理想，遵循思想政治工作规律和学生成长规律，围绕学生、关照学生、服务学生，把理想信念、师德师风教育融入"第一班主任"工作全过程，提供实习实践新平台、分享教书育人经验，提升学生的文明素养、社会责任意识和师范技能本领，致力于培养合格社会主义建设者和接班人的同时，更注重使学生得到人格的滋养与涵育，把学生发展从知识层面提升到品格提升和生命发展层次，为培养合格教师贡献师者力量。

北京市徐悲鸿中学德育副校长王添媛是学院优秀毕业生，也是学院第三批"第一班主任"之一。她用自身的学习、工作经历为学生讲述一代代美院人"为师为艺"的故事。为了探索更多教育教学、人才培养、就业等方面合作的可能性，提供给美院同学们更多机会和平台，王添媛邀请美院师生前往徐悲鸿中学参观交流，鼓励同学们把"以美育人"作为自己的使命，以美育心，以美养性，在教育中帮助学生形成向美的品性、尚美的德行；要践行自己的教育初心使命，根植传统，延续学院文脉、学脉与艺脉；要紧扣时代脉搏，时刻反思，走在艺术教育创作和研究的前沿。

"第一班主任"、中国地质大学附属中学课程教学中心副校长王小明通过"不忘初心，成己达人——走向教师岗位的准备与规划"主题讲座，告诉学生们作为未来的教师，要做到不忘初心，保持对教育事业的热爱和热情；要终身学习，不断提升自身的教育水平和综合素质；要坚守底线，树立良好的师德形象；要修炼技能，持续精进，为未来的教育事业做好充分准备。王老师对同学们关于如何做好教学准备、如何制订教学计划、如何提高教学效果的方法的疑惑耐心细致地进行解答，也根据自身从教经历分享了在教育工作中容易遇到的挑战和困难，以及克服它们的方法。

为探索美术学院与社会美育和中小学美育资源互补与协同共建，"第一班主任"团队协作，积极促成学院师生团队与北京市西城区登莱小学课后延时服务项目，项目以传统二十四节气为主题，结合天文、地理、立法、农事、哲学、美学等多学科知识，旨在敞开"自然之维"，将学生从现代教育的知识与技能体系中解放出来，通过二十四节气画册的学习与创作，增长知识、提升审美，在传统文化的学习中增强"四个自信"。参与的师生团队既贡献了专业智慧和力量，也通过教学实践提升了自己的专业素养，还提升了学院的社会影响力。

三、"向美而行"担大任——深耕职业规划，提升竞争实力

学院根据学生成长发展实际需要，结合社会对美术人才的需求，优化"第一班主任"思政育人的内容供给和方法创新，秉承开放包容、守正创新的育人理念和态度，以学生需求和"急难愁盼"问题为导向，以系统观念和实践指向为具体的育人思路，聚焦学生生涯发展和职业规划，借助"第一班主任"资源优势，积极主动搭建中小学、企事业单位、美术馆、展览活动等优质资源，开展多样态合作，全面培养学生的创新意识和实战能力，提升学生就业创业竞争力。

"第一班主任"张琪在职业规划方面有着丰富的经验和深刻的见解。她注重收集同学们对专业学习和未来职业发展的诉求，了解学生对大学生活的期待和困惑，以"努力寻找生涯的方向"为主题，向同学们讲述了职业生涯的基本认知，并从就业指导的多元整合视角出发，就求职技能储备训练与学生进行互动交流，鼓励同学们把个人梦想融入党和国家梦想，使个人前途与国家命运同声相应、同命相求，使个人的发展进步拥有更加广阔的舞台，进而实现人生价值的最大化。她倡导以项目促学习，与专任班主任、副班主任一起引导学生"做中学"，打破学科壁垒，以跨学科融合视角进行教学体验，以"互联网＋"方式开展专业实践与科研训练。鼓励学生努力寻找人生的方向，严谨治学，"博约弘毅"，为艺术教育不懈奋斗。此外，她还注重引导学生掌握美术专业学习方法，提升复合型专业能力，把"好书"作为陪伴学生们的好老师，精心准备教育学书籍赠予同学们，让美育在书香中启智润心。

同学们在"第一班主任"们的精心组织下，前往中国美术馆、中国国家博物馆、中关村科技园朝阳园党群服务中心、798艺术区、中国工艺美术馆等观看展览、参与活动，既调动了学生学习探索的热情，又让学生从活动中领略艺术、科技、历史对社会发展的深远影响，提升对未来发展的敏锐洞察力。

四、"以美育人"成大才——聚焦时代需求，艺术服务国家

以美育人，不仅要让学生热爱生活，关注社会，认知与深刻把握艺术原动力，更要发挥资源优势，搭建坚定文化自信、践行社会主义核心价值观、实现人生价值的艺术舞台，让学生把人生追求、艺术生命同国家前途、民族命运、人民愿望紧密结合起来，创作思想精深、艺术精湛、制作精良的优秀作品，在艺术创作和实践中实现"为国家立心、为人民立传、为民族铸魂"的宗旨与使命。

学院"第一班主任"将美育维度引入学生思想政治教育，用"以情动人"的方式，让教育更关注情感上的共鸣和心灵的滋养，促使广大青年学生不仅追求美的创造与体验，也在获得美感的同时潜移默化地积淀文化底蕴和人文修养。"第一班主任"团队联络社会资源、动员校友力量，搭建多元交流平台，整合红色资源图谱，筹办"红色记忆"卢沟桥专展，用心用情将红色文化融入立德树人全过程，构建第一课堂与第二课堂有机融合、思政课程与课程思政同向同行、学校小课堂与社会大课堂同频共振的红色文化育人体系，让更多青年学生在革命文化中浸润和成长。秉承"做有根的教育、做可以普及的美育"初心，将美育课程与美育实践紧密结合，带领学生推动优秀传统文化创造性转化与创新性发展，关注乡村振兴，助力西部美育。发挥"种子"力量，在湖南、贵州等地与地方高校合作共建，根植乡土文化，开展美术教育研究和社会实践，形成首都师范大学与地方高校、地方教育主管部门、乡村学校"四方深度联结"，建构"首都优质美育资源共享地方高校，携手同行共建文化乡村 IP 链"的合作新模式。以"教育策展"的理念和思维，组织儿童作品、艺术家作品举办联合展览，让展览成为"第二课堂"，促进师生、生生之间的美术交流。

习近平总书记指出："做好高校思想政治工作，要因事而化、因时而进、因势而新。"美术学院在"新时代大思政育人体系"的构建过程中，充分结合学院专业特点，依托"第一班主任"带来的优势资源，挖掘美育思政融合育人载体，建设"大课堂"、搭建"大平台"、建好"大师资"、做优"大品牌"，实现了学生思政与美育的双轮驱动、同频共振。美术学院的"第一班主任"们不仅是学生敬

重的榜样，更是学生的"学业＋人生导师"，他们以德育德，通过典型引领示范和带动作用，把理论落实于实践中，把育人的点点滴滴汇集到学校思政工作谋篇布局的大事中，充分发挥了育人主导作用。未来，美术学院将在学校"三维班主任"育人体系下，持续汇聚思政育人力量和育人资源，优化升级"第一班主任"教育效能，借助资源链接实现功能耦合，共生共享、互联互通，向学生、向社会持续播撒美育"种子"，更好地助力学校人才培养质量提升，引领学生迈向更广阔的未来。

学 生 反 馈

"第一班主任"用广阔的视野、敏锐的感知和充沛的情感，帮助我们开阔了创作视野，提升了审美素养，培育了艺术探索精神，使我们学会了在艺术创作中关注人民需求，在党的百年奋斗史中汲取奋进的力量，在专业学习的过程中寻找艺术真谛，在丹青笔墨中锻炼从艺初心，在为民提笔中感悟服务人民的内涵。

——美术学院2021级美术教育2班　曹瑞晗

"以大美之艺绘传世精品，以大爱之心育莘莘学子"，"第一班主任"带着我们开展各种活动，坚持理论学习与社会文化艺术实践紧密结合，勉励我们将自身成长成才与祖国命运紧密相连，也让我们学会了在奉献社会中增长才干，在服务国家中体会青年人应有的责任。

——美术学院2021级美术教育3班　岳宜纯

通过"第一班主任"们的言传身教，作为美术学院师范专业的学生，我们更愿意立志追随前辈们的足迹，将艺术作品化作自身精神文化的载体，为人民教书，为时代画像，用手中的画笔讲好中国故事。

——美术学院2020级美术教育　张一帆

在"第一班主任"的建议与帮助下，我们更加深入地了解了相关专业的职业素养与要求，也更加坚定了自己未来在各自领域中发挥重要作用的信心和决心。"第一班主任"对我们人生规划、视野拓展、合作沟通等方面的培育引导，启迪着大家不断尝试突破和挑战自我，努力在坚持奋斗的道路上实现人生理想，将青春绽放在祖国需要的地方，将画作描绘在祖国的大地上。

——美术学院 2020 级数字媒体班　贺振轩

聚焦立德树人 引领成长成才
——物理系"第一班主任"工作案例

张 勇 李 媛

2023年，习近平总书记在《扎实推动教育强国建设》中强调："浇花浇根，育人育心。要坚持不懈用新时代中国特色社会主义思想铸魂育人，着力加强社会主义核心价值观教育，引导学生树立坚定的理想信念，永远听党话、跟党走，矢志奉献国家和人民。"首都师范大学牢记为党育人、为国育才的初心使命，以"首善"标准持续深化思政育人改革创新，"第一班主任"制度是着力加强思想政治工作的重要举措，是落实立德树人根本任务、推动"三全育人"落地见效的重要机制。物理系在思想政治教育工作中积极探索"第一班主任"的育人机制，从中央部委领导、优秀校友、行业专家、学校领导等群体中精心选配11名"第一班主任"，在育人实践中重视发挥其对全系班级"三全育人"的示范引领作用，先后开展30余次思想教育活动，自"第一班主任"工作开展以来，物理系逐渐形成符合自己特色的工作模式。

一、强化顶层设计，聚焦立德树人

在"第一班主任"工作之初，物理系党委即成立"第一班主任"工作领导小组，由系党委书记担任组长，系党委副书记担任副组长，辅导员、班主任作为小组成员，集中谋划推进"第一班主任"工作开展，最大限度凝聚全员育人共识，形成党建引领、思想引导、齐抓共管的协同育人工作格局。物理系定期落实"第一班主任"推进机制，每学期通过务虚会由系党委副书记汇报本学期"第一班主任"工作计划及思路后，集体进行研讨，形成集体智慧，推进"第一班主任"工作，同时，系党委副书记通过党政联席会、党委会定期汇报"第一班主任"工作进度。

物理系始终把育人育才作为工作主题，聚焦全系大学生思想政治教育重点，着力突出思政引领和价值引导作用。在班主任人员选配方面，除校领导外，系党委组织党政班子成员也申请担任"第一班主任"，并充分挖掘校友资源，选聘优秀校友返校担任"第一班主任"。同时，物理系为"第一班主任"精心匹配相应班级，充分发挥"第一班主任"的师范引领作用，通过统筹协调"第一班主任"资源，设计开展一系列丰富多彩的主题活动，通过"第一班主任"制度以各种形式、各种途径向学生传递党的声音，传播理想与信念，助力学生成长成才。

二、加强思想引领，丰富精神内涵

为深入开展学习贯彻习近平新时代中国特色社会主义思想主题教育，积极推动立德树人根本任务，认真落实学校"三个一百"主题活动，物理系精心谋划，组织 7 位"第一班主任"为班级同学开讲导学育人系列党课，引领强化学生理想信念。

系党委书记王群在导学育人党课中，首先从物理系师范专业基础学科的特点出发，为同学们细致讲解了习近平总书记在中共中央政治局第三次集体学习时强调的"切实加强基础研究，夯实科技自立自强根基"的讲话精神。她着重强调国家对基础研究和科技自立自强的重视，指出物理师范本科生应当在加强基础研究、夯实科技自立自强上发挥自己的作用。王群书记语重心长地讲道："这是一个对人才来说极好的时代，有着无比广阔的施展空间。"她叮嘱同学们要把自己的理想融入国家民族的事业中，去成长成才、担重任。

时任系党委副书记张勇以"中国式现代化的时代意蕴与青年使命"为主题讲授党课。他在阐释中国式现代化新征程对新时代青年的期望时，勉励同学们坚持用理想信念之光照亮中国式现代化新征程、以责任担当之心推进中国式现代化新征程、凭专业知识之力助力中国式现代化新征程、靠实践才干之能领跑中国式现代化新征程等，鼓励同学们在爱国奉献和团结奋斗中不断实现人生理想和价值。

系副主任张波、李志鹏、李辛等"第一班主任"先后聚焦师范生培养、科研创新、青年使命担当等主题，走进班级讲授导学育人党课。

三、注重专业成长，开阔学生视野

物理学是探索自然界客观规律的科学，是一门具有广泛应用性的基础性学科。物理学作为一门以实验为基础的学科，不仅教授推动社会进步和科学技术发展的知识、方法和技术，还形成了客观认识世界的基本观念、科学方法、科学道德和科学精神，是人才培养的重要基础。系主任王培杰以"大力加强基础科学研究"为主题，对习近平总书记2021年5月28日的讲话《加快建设科技强国 实现高水平科技自立自强》进行导读导学，从文章提出的背景，习近平对建设科技强国的基本判断和要求，建设世界科技强国的重大意义、深刻内涵和战略路径进行解读，并从三个方面对大力加强基础科学研究进行阐释。他结合物理学科特点和科研平台，鼓励同学们积极扎实地学习，提升科研本领，不断创新。

四、提供建设指导，提升人文情怀

除了思想政治引领和价值引导外，作为"第一班主任"，还会为班级建设提供支持指导，为学生成长发展助力赋能。物理系把"第一班主任"活动与学生所学专业结合，有组织、有主题地邀请"第一班主任"开展专业讲座、推荐书籍等。

在2021级物理学（师范）1班"砥砺青春奋斗，争做时代新人"主题班会暨"第一班主任"见面会上，时任首都师范大学教师教育中心主任兼教务处副处长、首都基础教育发展研究院副院长王海燕以"做'有理想、敢担当、能吃苦、肯奋斗'的新时代卓越教师"为主题做讲座。她首先结合二十大报告阐释如何才能成为一名具有优秀师德的好老师，其次详细讲解了"卓越教师培养计划"及卓越教师成长路径，最后通过影视片段向大家深入讲解了教育的真正理念。在讲座结束后，王海燕向同学们推荐阅读书籍《放飞美国》。她勉励同学们努力成长为卓越的人民教师，怀抱梦想又脚踏实地，敢作敢为又善作善成。同时，王海燕老师推荐学生观看视频《大先生》，学习教育家于漪的精神，培育师范生的从教情怀。班级学生代表为王海燕送上了精心定制的班级明信片等文创礼物。班长宋维向王海燕介绍了班级概况、成长发展、竞赛获奖及未来愿景等情况。学生代表许岩和蔡天悦从学业规划、成长感悟、师范生情怀等方面先后发言，他们表示要养成良好的师德和高尚的情操，带着首都师大人的教育情怀出发，在教育中落地生根。

2020 级光电信息科学与工程班的"第一班主任"见面会上，北京远大恒通科技发展有限公司创始人兼首席执行官封建欣以"心怀浪漫宇宙 亦珍视人间日常"为题，倾囊相授，为同学们讲授了一堂生动的职业生涯课。她分享了个人求学和成长体会，形象生动地讲解了"三元领导力理论模型"和创新领导者的五大能力，激励同学们不断提高自身核心竞争力，培养敏锐洞察力和判断力。会后，封建欣向同学们赠送了精心挑选的书籍，2020 级光电信息科学与工程班同学代表也回赠了班级文创纪念品。

五、深化调查研究，了解学生动态

为深入开展学习贯彻习近平新时代中国特色社会主义思想主题教育，高质量推动立德树人根本任务，把握大学生思想状况，倾听大学生心声，帮助他们解决成长过程中遇到的困惑，物理系根据主题教育工作部署安排，学习贯彻习近平总书记关于教育等工作的重要论述精神，自 2023 年 4 月下旬起，物理系党政班子成员以"第一班主任"身份分别在校本部、良乡校区深入对接班级开展专题调研。在系列调研中，物理系邀请学校时任组织部副部长、主题教育督导组成员王晓素进行指导。

在调研现场，王晓素对主题调研给予高度认可，她讲到，通过这次现场调研她看到了物理系党委对人才培养的重视和对学生的关爱，看到了班主任对学生用心用情的关爱，看到了班集体的团结奋进，更看到了同学们在主动积极地不断突破、不断成长。

物理系党委书记王群参加 2021 级物理学（师范）2 班"第一班主任"见面会时高度评价了大家积极向上的精神风貌，对同学们未来的发展充满信心。调研中她对同学们深情寄语：一是要明确目标使命。作为师范班同学应该从现在开始就把成长为"四有"好老师作为自己的奋斗目标，处理好"大我"和"小我"的关系。二是要练内功强本领。储备专业知识，增强人文素养，多读书、读好书、读经典。三是要珍惜大学生活。她勉励大家青春是用来奋斗的，美好的未来要靠奋斗来实现。

"第一班主任"、物理系主任王培杰在调研中结合科研启蒙、考研就业等话题与同学们进行深入交流。他寄语同学们要珍惜大学时光，积极培养科研兴趣、树立科学精神，利用大学内宝贵的教学和师资资源，充分挖掘物理学专业的真、善、美，保持科学兴趣，与时俱进，为社会进步作出贡献。

各位"第一班主任"聚焦如何更好地帮助大学生成长成才等主题，带着问题深入班级，问诊大学生成长发展状况。从大一到大四，不同年级不同专业的学生在调研座谈中畅所欲言，既汇报了大学生活的成长感悟，又向师长倾诉了青春的迷茫困惑。大家也对学校发展建设提出了合理建议，对学校和物理系的美好未来充满期待。

六、紧扣学科发展，凸显班级文化

物理系在设计"第一班主任"工作思路时，把聚焦学生的专业成长作为工作出发点之一，在选聘"第一班主任"时，侧重遴选具有专家视野、从事师范专业、与本学科本专业相近的导师。在设计"第一班主任"活动内容时，考虑相关班级建设情况，优选与理想信念、师范发展、物理素养、成长就业等有关的主题，把"第一班主任"工作与学生专业发展成长紧密结合，助力学生更好地成长成才。

班级文化建设是大学文化建设的重要构成部分，班级同学的理想信念、情感态度、价值认知等是班级文化建设的核心内容。物理系开展"第一班主任"工作，着眼于提升班级文化建设、完善班级管理，以"第一班主任"工作为契机，通过设计班级文创、班徽、班训，制作班级风采册、班级明信片等活动，充分调动、凝聚班级人心，形成各班独特的班级愿景。

七、利用多维引导，实现青年成长

习近平总书记在全国高校思想政治工作会议上指出："我国高等教育肩负着培养德智体美全面发展的社会主义事业建设者和接班人的重大任务，必须坚持正确政治方向。"

物理系在开展"第一班主任"工作中，聚焦思想引领，着力从政治引领为核心、思想引领为基础、价值引领为重点三个维度对大学生进行思想引领。

在工作指导方向上，物理系"第一班主任"坚持以习近平新时代中国特色社会主义思想为行动指南，在工作中引导学生在政治立场、政治方向、政治原则、政治道路上同党中央保持高度一致，从而引导更多的大学生认同党、信任党，坚定不移地跟党走。政治参与度是大学生走向社会的政治基础和健康成长的必要条件，"第一班主任"积极帮助大学生了解党的治国理政的新理念新思想新战略，不断提升大学生在大学期间的政治参与度。通过"第一班主任"的思想引领，切实解决大学生真学、真懂、真信、真用的问题，让习近平新时代中国特色社会主义思想成为大学生的思想武装。

在工作具体内容上，物理系"第一班主任"通过系列党课、讲座报告、沙龙交流、外出实践等多种方式，加强大学生的理想信念教育，引导大学生学习和信仰马克思主义及其中国化理论成果，筑牢大学生的理想信念根基。在开展价值引领的过程中，引导大学生认识到个人、家庭的前途命运同国家和民族的前途命运紧密相连，祖国的命运和党的命运、社会主义的命运密不可分，引导和鼓励大学生利用专业所长为国家"两个一百年"奋斗目标而努力，在实现中华民族伟大复兴的中国梦中实现人生价值。教会青年学子运用马克思主义立场、观点和方法分析问题和解决问题，用思想自觉引领行动自觉，将理想信念和学生专业学习与实践活动相结合。

在工作预期收效上，物理系"第一班主任"通过多种活动坚定了同学们的理想信念，奠定了同学们投身基础科学学习的志向，培养了学生良好的学科素养和科学的思维方法，坚定了学生不断奋勇攀登、为国家科技自立自强贡献力量的决心。在全系营造了积极向上的育人氛围，助力学生更好地成长。

大学阶段的青年学生正处在价值观的"起步期"和人生成长的"雕琢期""灌浆期"，是健康成长的重要阶段。物理系将继续以"第一班主任"工作为抓手，深入探索大学生思想政治教育有效路径，高质量提升人才培养质量，持续推进"第一班主任"工作不断走深走实。

学生反馈

　　王海燕老师是一位富有爱心和责任感的教育工作者，她在班级中开展了多项有意义的活动，为大家提供了丰富的学习和成长机会，强化了我们的教育理念。王老师带领班级同学参观北京市第二中学经开区学校，使我们得以深入了解不同学校的教学环境和教育理念，开阔了视野，增长了见识，让我们有机会接触教育行业第一线。王海燕老师与我们共同参加"光荣之歌"合唱比赛，给予我们很大的力量。在班级座谈会上，我们有机会交流学习经验、表达想法，增进了同学之间的情感联系。王海燕老师的关心和指导对我们的成长有着深远的影响，她不仅是我们的老师，更是我们的朋友和引路人。在她的帮助下，我学会了如何与他人合作、如何关心他人、如何成为一名合格的师范生。

——物理系 2021 级物理学（师范）1 班　祁　硕

　　封建欣老师作为我们班级的"第一班主任"，对同学们关爱有加。她通过讲述自身经历与我们进行深入交流，同学们受益匪浅。封老师是北京远大恒通科技发展有限公司创始人兼首席执行官，同时也是物理系的优秀校友。封老师向我们 2020 级光电信息科学与工程班全体同学赠送了她精心挑选的书籍，向我们分享她个人求学的经历和成长的体会，封老师的讲解井井有条，具有很强的亲和力，激励着我们不断培养自身的领导力、提高核心竞争力，通过敏锐的观察和判断走好自己的人生路。通过与封建欣老师的交流，我们既开阔了眼界，也产生了新的思考和感悟，学习到了领导和创业的第一宝贵经验，这对于我们日后的求学、求职发展无疑是极为难得的，因此我对封建欣老师深感敬佩。我们感谢封老师的倾囊相授，也期待着进一步探索自己的未来！

——物理系 2020 级光电信息科学与工程班　吕　悦

　　王群老师作为我们的"第一班主任"，在我们班级的大学生活中起到了至关重要的作用，引领着我们在成长路上不断坚定理想信念，提升专业本领。在主题班会中，王老师向我们介绍了物理系的历史沿革，带领我们了解了物理系的专业发展情况，讲解了物理系在科研方面取得的成绩，让我们能够提早接触科研、了解科研，并与同学们分享自己的人生经历，交流对于教育的理解等，努力带领我们的班级不断前行。王老师希望我们珍惜四年的大学时光，努力夯实自身的专业基础，强调我们要感恩学校，珍惜物理系的平台，敬畏讲台。在长期的交流与接触中，王群老师早已不只是我们的"第一班主任"，更是值得我们学习的人生路上的导师。在和她的交谈过程中，我们提升了眼界，积蓄了更多不断前进的深厚力量。

——物理系 2021 级物理学（师范）2 班　赵融卿

以教育家精神为引领，
做好教书育人"大先生"

2023 年 9 月 9 日，习近平总书记致信全国优秀教师代表，希望广大教师"大力弘扬教育家精神"，为新时代教师队伍建设指明了前进方向。首都师范大学作为培养教师队伍的主阵地之一，将教育家精神融入思想政治教育中，构建以"第一班主任"为统领，领航班主任、专任班主任联动的"三维班主任"育人体系，勇担责任使命，锤炼道德修养，塑造高尚人格，将教育家精神转化为育人实践，落实到教育教学中，既为学生传递教育家精神，又身体力行践行教育家精神，不断增进育人智慧，为培育担当民族复兴大任的时代新人贡献力量。

发挥"第一班主任"引领作用
夯实"746"育人体系建设
——文学院"第一班主任"工作案例

陈　晨　肖　瑶　李楚楚

　　"第一班主任"工作机制是首都师范大学开辟立德树人新途径、创新"三全育人"新机制、搭建思政工作新平台的重要举措。自 2021 年 12 月"第一班主任"工作启动实施以来，在学校党委的领导下，文学院共聘请包括校长方复全院士、北京市教委副主任王攀在内的 11 位"第一班主任"，开展实践活动 18 场，充分发挥"第一班主任"引领作用，夯实"746"育人体系建设，进一步强化"第一班主任"在高校育人和思想政治工作中的核心作用，不断提升铸魂育人工作实效，打通学生成长发展"最后一公里"。

一、构建"746"育人体系

　　文学院在原有班主任体系的基础上，充分发挥"第一班主任"的引领作用，着力打造七纬并行、四方联动、六种路向的"746"育人体系建设（见图 1），并不断完善夯实。

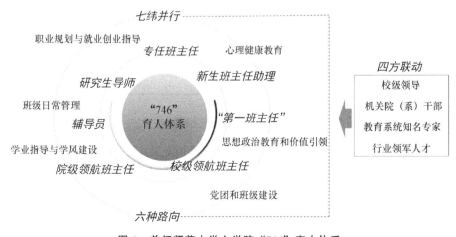

图 1　首都师范大学文学院"746"育人体系

"746"育人体系是指"第一班主任"、校级领航班主任、院级领航班主任、辅导员、研究生导师、专任班主任、新生班主任助理等"七纬并行"，通过校级领导、机关院（系）干部、教育系统知名专家、行业领军人才等"四方联动"，最终实现从思想政治教育和价值引领、党团和班级建设、学业指导与学风建设、班级日常管理、职业规划与就业创业指导、心理健康教育等"六种路向"推动学生成长成才。

其中，"第一班主任"由校领导、优秀校友、行业专家和各级领导担任，依托校内校外育人力量，加强学生思想政治教育工作，起到"领头雁"的作用；校级领航班主任由中国语言文学知名教授担任，着力开阔学生学术视野，引领学术方向，起到"领航者"的作用；院级领航班主任由学院领导班子成员担任，把握思政工作方向，解决学生思想认识问题，起到"指挥员"的作用；辅导员作为专职人员，掌握学生思想行为特点及思想政治状况，从学生需求出发，深入推进班主任工作，起到"枢纽带"的作用；研究生导师、专任班主任作为专业教师，为学生提供学业规划精细化指导、个性化支持与针对性帮扶，起到"引路人"的作用；新生班主任助理由优秀硕、博研究生担任，充分发挥榜样示范作用，开展朋辈指导，起到"知心人"的作用。

与此同时，校领导、机关院（系）干部、教育系统知名专家、行业领军人才等"四方联动"的"第一班主任"团队，从顶层设计出发，做好政治引导和价值引领，推动"746"育人体系建设，为人才培养质量的提升奠定坚实基础。一是校级领导担任"第一班主任"，如首都师范大学校长方复全院士，通过"第一班主任"工作指导班级建设，第一时间了解学生思想动态，把握育人方向，着力提升学生思想认识。二是机关院（系）干部担任"第一班主任"，如研究生院常务副院长、研究生工作部部长孙士聪，图书馆党总支书记杨娜，研究生院副院长孟凡德，校团委副书记郭政，通过"第一班主任"工作参与班级管理，做好政治引领和价值引领，着力夯实学生理论素养。三是教育系统知名专家担任"第一班主任"，如北京市教委副主任王攀，顺义区教委主任孟朝晖、副主任蒋吉姝，通过"第一班主任"工作参加班级活动，树立职业认同，锤炼师范技能，着力增强学生专业技能。四是行业领军人才担任"第一班主任"，如故宫博物院数字与信息部数字传媒组副组长、副研究馆员张林，优和时光（北京）文化中心有限公司总经理卢秋平，通过"第一班主任"工作组织班级调研，了解行业前景，以就业为导向，着力开阔学生视野与格局。

二、创新"三融合"育人工作思路

文学院"第一班主任"工作从学院实际出发，结合学生特点，充分发挥"第一班主任"的育人优势，拓展育人资源，凝聚育人合力，加强思想教育和政治引领，通过生动活泼的实践活动典型案例，引领学生坚定理想信念，涵养师范品格，强化专业认同，创新"三融合"育人工作思路（见图 2）。

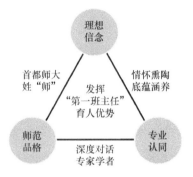

图 2　首都师范大学文学院"第一班主任"工作思路

（一）情怀熏陶与底蕴涵养相结合，坚定学生理想信念

"第一班主任"实质是"思政班主任"，在工作中着力突出思想引领，通过深入班级讲授"大思政课"、党的二十大精神、导学党课，开展爱国主义教育实践活动、爱校荣校主题团日等，让学生在全景体验中将情怀熏陶与底蕴涵养相结合，把握学生思想动态，做好政治引导和价值引领，坚定学生理想信念。

思想引领，情怀熏陶。"第一班主任"通过主题班会、"大思政课"、专题讲座、面对面谈心谈话等多种形式与学生交流，用习近平新时代中国特色社会主义思想铸魂育人。2022 年 4 月，校长方复全院士以"第一班主任"身份，为文学院全体师生讲授了一堂生动、深刻的"大思政课"。2022 年 10 月，"第一班主任"杨娜参加所任班级"喜庆二十大，师生话成长"主题班会；2023年4月，"第一班主任"孙士聪参加所任班级"深入贯彻党的二十大精神，实施攀登计划，培养一流人才"主题班会；2023年10月，孙士聪以"第一班主任"身份，为文学院学生讲授导学育人党课，将《共产党宣言》与新时代文艺发展相结合，引导同学们进一步体悟理论精髓，理解文本逻辑，把握思想实质，体味经典价值。

全景体验，底蕴涵养。"第一班主任"通过实践活动、主题团日，将第一课堂与第二课堂深度融合，通过有理论、有实践、有意义、有价值的活动，让学生在参与中感悟成长，在实践中谱写奋斗青春。2023年4月，校长方复全院士以"第一班主任"身份参加2021级汉语言文学（师范）1班"讲述时代故事 谱写奋斗青春"纪念宋庆龄同志诞辰130周年主题班会。方复全院士与同学们在北京宋庆龄同志故居围绕"治学态度与学术精神""师范生成长与卓越教师养成""AI技术革命与人文社会学科发展"等进行了深入探讨，并结合故居参观感受分享了陈省身、郭永怀、钱学森等科学家的事迹。2023年6月，"第一班主任"郭政组织所任班级开展"我当校庆策划人"主题团日活动，校党委副书记王大广出席。同学们以"弦歌不辍种青山""春风化雨润桃李""溯源·溯真·溯远""师时感念""共筑七秩年轮"等为主题汇报了校庆策划方案，展示了文学院学子对首都师范大学70周年校庆的憧憬。

（二）坚持首都师大姓"师"的定位，涵养学生师范品格

坚持首都师大姓"师"的定位，以涵养学生师范品格为目标，聘请教育系统知名专家担任"第一班主任"，通过主题班会、课堂观摩、教学实践等让"未来教育家"深入教学一线，引领师范生自觉承担起"为党育人，为国育才"的使命，以教育系统知名专家为榜样，大力弘扬教育家精神，踔厉奋发，努力成为卓越的语文教师。

2022年4月，校长方复全院士以"第一班主任"身份参加所任班级"弘道修文守初心，争做时代'大先生'"主题班会。文学院2000届杰出校友、全国优秀教师李颖出席。同学们畅谈师范生的初心与梦想，方复全院士勉励同学们把教师职业理想付诸实践，立足三尺讲台，扎根中国大地，勤勉治学之志向，胸怀

天下之格局，励志做新时代"大先生"。2023 年 10 月，"第一班主任"方复全院士再次参加班级"弘扬教育家精神，勇担新时代使命"主题班会暨暑期社会实践总结会。同学们围绕北京初中语文基础课程的理论性和实用性、国家通用语言文字推广普及等调研进行汇报。方复全院士勉励同学们牢记习近平总书记的嘱托，大力弘扬教育家精神，把实现自身价值和服务社会有机结合起来，不负青春，脚踏实地，成为担当民族复兴大任的时代新人。

2022 年 9 月，"第一班主任"、北京市教委副主任王攀参加 2020 级汉语言文学（师范）1 班"弘道修文传薪火，崇德致远铸师魂"主题班会，他希望"未来教育家"能够用饱满的教育热情和扎实的专业知识，站在家国情怀的立场上，扎根三尺讲台，聚焦学生全面发展，努力成为"四有"好老师和"四个引路人"。2023 年 5 月，王攀组织班级学生参加北京小学金中都分校首届"希望杯"课堂教学研讨活动，班级同学观摩了语文教师李贤的公开课《火烧云》，并聆听了语文特级教师张红的专业点评。随后，北京小学校长、特级教师李明新，西城区教委小学教育科科长李雪峰与班级同学就语文教师核心素养培养、教育教学水平提升、职业发展与规划进行了深入的座谈交流。

（三）深度对话专家学者，强化学生专业认同

以"第一班主任"工作为抓手，持续发挥"第一班主任"在思想政治工作中的重要作用，以学业指导、就业规划为导向，为学生提供深度对话专家学者的平台与契机，开阔学生视野与格局，提升学生专业归属感，强化学生专业认同，坚持守正创新，助力成长成才。

托举学生学术梦想实现。"第一班主任"通过主题班会，与学生畅谈学术理想与治学精神，帮助学生明晰学术目标，奠定学术基础。2022 年 10 月，首都师范大学校长方复全院士以"第一班主任"身份参加所任班级"治学修身 弘道明德"主题班会，结合个人的成长背景、求学经历、治学精神的养成与班级同学畅谈治学精神，共话奋斗青春。他希望同学们秉持严谨的治学态度，葆有对学术研究的热情，在与不同学术观点和思维体验的碰撞中，构建多元化的知识体系，形成独到的见解，让人生的创造力来决定未来的高度。2023 年 5 月，"第一班主

任"杨娜组织所任班级开展"书海寻踪"主题班会，对图书信息检索的方法、技巧、数据分类进行了详细介绍并开展图书馆"寻踪"实践活动，使同学们增进对图书信息检索的了解，熟练掌握图书检索方法和技巧，提高学术研究能力。2022年10月，"第一班主任"孟凡德参加所任班级主题班会，以本科生学业发展与毕业考研规划为轴，以北宋大家张载的名言"为天地立心，为生民立命，为往圣继绝学，为万世开太平"为核心，阐述了综合能力提升、实践能力锻炼、校内外资源应用、个人生活习惯与大学生发展之间的关系，勉励同学们重视大学期间的学业规划，把握所学专业的重点学习内容，以积极的姿态和明晰的目标度过充实丰富的大学生活。

赋能学生专业素养提升。"第一班主任"通过实践活动，让学生深层感知专业热点，激发专业学习兴趣，增强专业认同。2023年9月，"第一班主任"郭政组织所任班级参加"电影进校园"活动，观看电影《学爸》并与导演苏亮深度交流，畅谈创作故事。此次观影交流活动中，戏剧影视文学专业学生与电影主创团队面对面交流，聆听电影创作背后的故事，更直观地感受专业魅力，增强专业认同。2023年5月，"第一班主任"孟凡德参加所任班级"奋进新征程，戏剧进班级"主题班会。孟凡德现场观看了同学们演出的丁西林民国喜剧，并和同学们一起进行了革命历史题材原创话剧《永恒的青春誓言》的剧本围读，他勉励同学们坚定理想信念，肩负历史使命，在接续奋斗中绽放青春光芒。2023年10月，"第一班主任"张林、卢秋平分别参加所任班级"中华优秀传统文化的创新性传播——从考古人、摄影师与故宫官微主编的身份谈起""高效能运营打造北京公共文化品牌"主题班会，以专业从业者身份从多个维度向学生呈现专业发展方向，提升学生对专业的思考与理解，勉励同学们在互动和实践中吸取经验、提升自我，贡献青春力量。

三、拓展"345"育人工作成效

"第一班主任"工作的开展有效地推进了"746"育人体系建设。自2021年12月起，文学院共11个班342名学生与"第一班主任"进行了一对一交流，辐射全院2800余名学生。以"第一班主任"为引领的"746"育人体系充分发挥育人合力，做好政治引导和价值引领，不断提升学生思想认识，夯实学生理论素养，增强学生专业技能，开阔学生视野格局（见图3）。

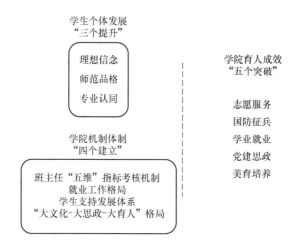

图3 文学院"第一班主任"工作示范成效

（一）实现学生个体发展的"三个提升"

文学院"第一班主任"工作以思想引领为工作重点，密切联系学生，培育班级文化，创建班级品牌，通过主题班会、专题讲座，从理想信念、师范品格、专业认同三个层面实现学生个体发展的"三个提升"。

2020级汉语言文学（师范）1班学生贾煜渤表示："'第一班主任'结合自身经验分享的教师成长之道，让我深感教育事业的重要性。"2021级汉语言文学（师范）1班学生李钟辰说："我们在'第一班主任'活动中学知识、悟道理，不断提升自己，争做'四有'好老师、时代'大先生'，立志将自己的专业所学书写到祖国大地上。"

（二）实现学院机制体制的"四个建立"

以"第一班主任"工作为契机，突出党建引领在人才培养中的重要作用，完善班主任队伍建设、就业工作格局搭建、学生支持发展体系建设，"大文化-大思政-大育人"格局构建。

一是完善班主任队伍建设，对班主任绩效、课时工作量进行阶梯制改革，建立以班主任工作自评，班团评议，学生评价，专业负责人、学科负责人评价，年级辅导员评价为标准的班主任"五维"指标考核机制。

二是坚持以"全"为先、以"准"为要、以"人"为本，构建"以全方位服务学生就业为重点，以树立学生正确的就业观为核心，以改进就业工作方法为载体，以拓宽就业渠道为突破"的就业工作格局。

三是依托"746"育人体系，打造党建引领下学生工作与人才培养、专业建设、学科发展、学术科研、社会服务多层次贯通的学生支持发展体系建设。

四是推动思想政治教育工作与人才培养深度融合，构建"大文化-大思政-大育人"格局。

（三）实现学院育人成效的"五个突破"

文学院"第一班主任"工作围绕学生个体发展、学院机制体制不断凝聚育人合力，多方协作、多措并举，自 2021 年起，育人成效显著，形成"五个突破"。

一是志愿服务实现突破。文学院连续 8 年组织学生与宋庆龄同志故居开展共建活动，连续 10 年服务北京市海淀区八里庄街道 26 个社区，是学校首个获批"首都学雷锋志愿服务岗"的院系。百余名学生参与亚洲文化嘉年华、北京冬奥会、冬残奥会，北京文化论坛，"一带一路"国际合作高峰论坛等重大活动志愿服务。2022 年，陈海妮被中共中央、国务院表彰为北京冬奥会、冬残奥会突出贡献个人，当选北京市第十三次党代会代表。

二是国防征兵实现突破。学院征兵工作实现由 0 到 1 再到 3 的突破，荣获学校"征兵工作先进单位"称号，退伍士兵李嘉琪荣获"北京市优秀退役大学生士兵"称号，2020 级退伍士兵贾煜渤、张钰浠被保送至本校攻读硕士研究生。

三是学业就业实现突破。学院将学业指导、就业生涯规划资源整合，面向全院进行职业发展规划专项调研并形成专题报告，开展"大学生学业提升计划"，让青年教师深入学生群体开展针对性学业辅导，开展"拔尖学生学业评价专题调研"，先后获批校级、教育部课题。近三年，学院毕业生考研率、考博率、签约率持续提升。

四是党建思政实现突破。2021 年以来，学院学生荣获国家级奖励 135 项，省部级奖励 175 项；2022 年，"唳天"文化育人工作室获批校级辅导员工作室；2023 年，"'十百千'北京文化传承推广调研"项目荣获北京高校师生服务新时代首都发展"双百行动计划"优秀示范项目。

五是美育培养实现突破。以未来教育家文化品格塑造为最终目标的"唳天"文化育人工作室通过"跨院系组织，多层次参与，浸润化实践，全景式体验，多元化评价"的工作模式，逐步推动大中小幼一体化美育体系建设和"社会大美育"课堂建设。

未来，文学院将继续扎实推进"第一班主任"工作，充分发挥"第一班主任"引领作用，夯实学院"746"育人体系建设，通过"第一班主任"实践活动的开展，让"第一班主任"更深层次地走进学生、融入学生、了解学生，不断提升铸魂育人工作实效，助力学生成长成才。

学 生 反 馈

在"第一班主任"主题班会上，王攀老师围绕"双减"政策，提出要把握"减负"和"增质"两者之间的关系，以素质教育为导向，在家国情怀的引导下，打好基本功，用生命影响生命。

——文学院 2020 级汉语言文学（师范）1 班　张钰浠

在"第一班主任"的活动中，我们与方复全院士就"治学态度与学术精神"和"师范生成长与卓越教师养成"等话题进行讨论，他鼓励我们肩负起历史使命与时代责任，厚植家国情怀，坚定师范初心，做中华优秀传统文化的传播者。

——文学院 2021 级汉语言文学（师范）1 班　朱芯蔚

在"第一班主任"杨娜老师的带领下，我们穿梭于图书馆高层与低层之间，以索书号为引，循标识而进，寻觅图书的踪迹，终得通关的喜悦。这是一次对速度与智慧、知识与勇气的全面考验。我们既领略了图书馆的空间布局之美，又感受到了知识的无穷魅力。

——文学院 2021 级秘书学 5 班　王　桐

在"第一班主任"郭政老师的指导下，我们每个人都成为策划人，以"攀登、逐梦、感恩、团结"等为主题的建校 70 周年策划方案，凝聚着我们对母校真诚的祝福。

——文学院 2021 级戏剧影视文学 6 班　曾小雅

"第一班主任"作为学生成长成才的引路人，虽是"小"角色，却有"大"意义。张林老师与我们分享"故宫的猫""故宫的雪"等工作趣事，向我们强调了传统文化深厚的价值最终要回归到关于"人"的故事的讲述。在业内人士的分享中，我们进一步增强了专业认同感。

——文学院 2021 级文化产业管理 7 班　马闻潇

"第一班主任"孙士聪老师的讲座生动幽默、娓娓道来，他鼓励我们要以原典阅读启发独立、深入的思考，要具备主动关注文学前沿的学术敏锐度，要有脚踏实地严谨治学的钻研定力。他鼓舞我们明确时代使命、社会需求，以更加笃实、自信的姿态积极生活、不断攀登。

——文学院 2022 级汉语言文学（师范）3 班　郭睿佳

此次"第一班主任"活动，盂凡德老师给我们讲述了身边优秀毕业生的案例，鼓励大家积极参与多种专业相关的社会实践，提前确定感兴趣的专业方向，进行有针对性的学习研究。

——文学院 2022 级戏剧影视文学 6 班　刘丹阳

　　"第一班主任"重阳敬老活动给我留下了深刻印象，在卢秋平老师的带领下，我们在"美后肆时"的平台上充分展示风采，飞花令、诗句配对、互换礼物等简单温情的小游戏让我们感受到了无限的温暖和成长。

——文学院 2022 级文化产业管理 7 班　翁紫琪

成长成功掌舵手　育人育才教育家
——历史学院"第一班主任"工作案例

张思维　李志成

自"第一班主任"工作开展以来，历史学院积极落实立德树人根本任务，持续推进"第一班主任"工作，累计聘任教育部领导1人、校级领导干部3人、中学校长1人、文博单位主管领导1人出任"第一班主任"，覆盖全院60.2%的本科生，共计开展10场主题班会及专题教育活动。该项工作在校党委的统一指导下，在院党委的具体部署下，以高水平学科底蕴承托思政教育引领，以高质量人才培养助力学校攀登计划，引导青年学子学史明德，敬畏学术，知责践行，追求卓越。

2021年底，历史学院有幸邀请时任学校党委副书记、现任北京教育科学研究院党委书记董竹娟担任"第一班主任"，对接班级为2019级历史学（师范）班。该班是历史学院自师范生扩招以来第一个大体量班级，全班最多时共有学生54人，除1名澳门学生及7名新疆少数民族学生外，其余均为京籍生源。自担任"第一班主任"以来，董竹娟一直关心同学们的思想动态和学习生活。在她的带领下，2019级历史学（师范）班同学不负所望，在各方面都取得了卓越成就。历史学（师范）班同学们坚守教育初心，不负青春韶华，将热爱与汗水挥洒在教育事业中，壮志在胸，奋勇前行。

一、育有"道"，舵手引航道路清

"第一班主任"作为"最小的主任"，却承担着"最大的事业"。作为学生成长成才的引路人，虽是"小"角色，却有"大"意义。在班级成长的过程中，"第一班主任"董竹娟始终立足于立德树人根本任务，鼓励同学们立大志、明大德、成大才、担大任，成长为人之模范、国之栋梁。

（一）信仰弥坚，学习班会点亮信仰火炬

2022年4月7日，历史学院2019级历史学（师范）班举行"踏浪前行扬帆去·踔厉奋发话初心"主题学习班会。"第一班主任"董竹娟特意邀请国家级教学名师、新版高中历史课程标准修订组组长、统编版高中历史教材总主编徐蓝做"新理念新要求——21世纪基础教育课程改革新方向"讲座，解读新课标，理解新使命。

徐蓝从宏观视角出发，将思想引领与教书育人相结合，引导学生在了解课程改革的背景与路径后，体会基础教育所体现的国家意志；在明晰历史学科核心素养的形成与内涵后，领会教育培养"完整的人"的理念；在解析学业质量的概念后，理解教学水平等级划分的实质。同时提出五点建议：要树立发展学生核心素养新理念，要以发展学生核心素养为目标进行历史教学，要以新情境下的问题解决为重心，要开展基于史料研习的教学，要根据学业质量水平评价学生核心素养达成度。

董竹娟盛赞此次讲座是一场"人生导论课"，既有理论深度，更有实践经验。她对同学们提出三点希望：一要坚定理想信念，在学习与教学中始终以习近平新时代中国特色社会主义思想为指导，全面贯彻党的教育方针，感悟家国情怀；二要坚持终身学习，向书本学习，向老师学习，深刻理解课程标准体现的"以学生为本"的理念，筑牢马克思主义"五观"；三要坚守教育初心，发扬首都师大的攀登精神，用好书本的专业资源，用足身边的教学资源，用活身边的红色资源，先努力成为"小先生"，争做未来"大先生"。

董竹娟结合班级特点还指出，作为全校首批"卓越班"之一，要以此次学习班会为契机，积极参与后续主题活动，在书信传使命活动中，做理想信念的引领者；在学史筑信仰活动中，做教育事业的奉献者；在传承坚信念活动中，做教书育人的传承者；在实践增信心活动中，做立德树人的践行者。不论是走上教师工作岗位，还是步入更高学府深造，都要不忘初心，砥砺前行，牢记为学为师的初心，保持淡泊名利的定力，坚守热爱教育的信仰。

（二）信念弥深，"大思政课"筑牢思想基石

2022年4月28日，"第一班主任"董竹娟为历史学院2019级历史学（师范）班讲授疫情防控"大思政课"，课程以"云端相聚话'思政'，共'课'时艰携手行"为主题，全体学生通过企业微信线上听课，并就课程内容展开热烈讨论。

董竹娟带领学生共同回顾习近平总书记近年来关于青年工作的论述，号召同学们深入学习习近平总书记在中国人民大学考察时的重要讲话精神，向英雄学习、向前辈学习、向榜样学习，牢记党的教诲，立志民族复兴，在青春的赛道上奋力奔跑。董竹娟传达了学校对学生的关心，表示将会竭尽所能，为大家在校学习、科研和生活提供充分保障，解决同学们的各类诉求，并向全体师生送上五一劳动节、五四青年节的祝福。

（三）理想弥远，主题党课引领未来启航

2023年6月15日，历史学院在首都师大综合档案馆举办了"第一班主任"党史教育主题课暨毕业寄语班会。董竹娟与班级学生一同参观了校史馆。综合档案馆吴文灵副馆长介绍了学校60多年来的发展历程。在"砥砺同行"展厅，师生共同重温了首都师大艰苦创业、曲折前进、深化改革、加快发展等重要历史阶段。在"大道致远"展厅，师生了解到学校不断增强的科学研究实力以及不断提升的社会贡献力。"春华秋实"展厅，师生回顾了学校历届杰出校友的优秀事迹。在参观中，同学们进一步学习了建校以来学校筚路蓝缕的奋斗历程，深刻体悟到首都师大人不断进取的攀登精神。

董竹娟为师生开展主题党课。她首先表达了再次回到学校的亲切之情，感谢历史学院师生们热情的邀请。接着，她围绕具体案例与现实情况，强调教师在教育教学和学生发展中的重要作用，尤其是历史教师在基础教育中的独特地位。她围绕习近平总书记在文化传承发展座谈会上的重要讲话，谈到全面深入了解中华文明悠久历史的重要意义。然后，她从三个方面向同学们分享了毕业寄语。第一，希望同学们志存高远，提高思想站位，不论是继续求学深造，还是步入工作岗位，一定要使人生规划与党和国家的事业发展同频共振。第二，要树立终身学

习的意识，提高思维能力，学以修身、学以致用，在读书学习中汲取精神食粮，把握人生道理。第三，要牢记首都师大师范初心，筑牢师范底色，学思践悟，以知促行、以行求知。在活动的最后，董竹娟祝愿同学们毕业快乐、工作顺利。2019级历史学（师范）班刘奥然作为学生代表发言并分享了参观综合档案馆的感受。

二、言有"方"，信使传递意志坚

作为学校首批"第一班主任"对接班级之一，2019级历史学（师范）班团结一心，坚定理想信念，共同追梦成长。恰逢中国共产党成立100周年之际，该班级以思政、历史、师范、实习、实践、示范"6S"为抓手，聚焦师范生道德理想和专业素养，围绕理想信念教育、师范生培养两个核心，开展"信·使"系列活动。该活动共分为四大主题，即聚焦思政引领的党史学习教育、关注职业规划的生涯交流分享、着眼成长成才的信仰主题班会、致力全面提升的教育实习实践。

（一）筑牢信仰，在学史中坚定理想信念

明理，增信，崇德，力行。本专题以"青春心向党 听我讲党史"活动为核心，致力于将党史学习同学科专业相结合，用一堂生动的思政课加深同学们对党史的认识，在实践中提升历史教育技巧与能力，推动思想理论和专业技能双提升。引领全体学生在学习中坚定立德树人理想信念，立足新时代人民日益增长的美好生活需要，全身心投入教育事业中。

2022年4—5月，2019级历史学（师范）班全体学生在"第一班主任"董竹娟的带领下，深入学习党史知识，坚定理想信念。在"学史"环节中，班级学生以小组为单位，梳理中学历史教科书中有关党史的部分，提炼总结相关知识点，各小组分别围绕不同知识点，组织一次集体备课。在"力行"环节中，全班组织集体参观中国共产党历史展览馆，并在现场开展模拟讲解活动，小组彼此间互相讲解，实地锻炼表达能力，增强信心；同时，分小组搜集展厅内容中可与历史课程相结合的图文资料，并分类整理。在"授业"环节中，"第一班主任"董竹娟

邀请国家级教学名师、新版高中历史课程标准修订组组长、统编版高中历史教材总主编徐蓝做专题讲座，解读新课标，理解新使命。在"传道"环节中，各小组分别就前期收集的材料，设计制作微课视频，并在班内评选优秀视频，组织一场党史公开课，邀请学院其他年级师范生一同参加。

（二）承担使命，用红色书信搭建学习桥梁

"红色家书"中的红色优秀传统、革命文化和红色信仰是生动的党史学习教科书，本活动结合历史学院"见信如晤——家书中的红色信仰"系列推送，带领同学们体会家书中承载的家国情怀，探寻家书中的红色信仰，在历史中凝练信仰，在信件中传承历史。结合该班自大一入学之初开展的"给未来的自己一封信"活动，对三年的大学生活进行阶段性总结与回顾，立足当下，开启对未来的展望。

2022年5—6月，2019级历史学（师范）班组织了多场主题班会活动。结合学院党支部联合推出的"见信如晤——家书中的红色信仰"系列推送，该班以宿舍小组为单位，每周三定期学习推送内容，并组织线上讨论，深入理解先辈家书中蕴含的家国情怀、大爱大义，体会那段波澜壮阔的历史和生动真挚的感情，同学们积极将学习读后感及心得思考整理成文，向学院微信公众号投稿。5月，该班为庆祝五四青年节，组织开展"与自己相遇"主题班团会。会上向全体成员发放班级统一保留的《写给未来自己的一封信》，该信件是入学之初的一次人生规划班会的记录。收到过去的自己写给现在的自己的信件后，同学们纷纷表示感触颇多，大学学习的时光故事历历在目，同时也对自己的发展目标和前进方向有了更为清晰的认识。在本次班团会上，同学们结合这三年的学习经历，总结成长与收获，给未来的自己再写一封信，重新写下对未来的憧憬，并由班级统一保管，毕业前发回。

（三）坚定信念，在互动中明确发展方向

本科四年级是作出人生选择的关键期，任何一个决定都可能改变一生，面对升学及求职的诸多选择，许多学生感到压力加身、迷茫无措。学院以"坚定教育

初心 探寻人生方向"系列分享会为主题，旨在通过师生深入沟通，帮助学生厘清未来发展思路，进一步明确人生目标和计划；通过与校友交流，在更高层次和更广阔的空间里寻找自己的发展方向，探寻职业发展道路。

2022年9—10月，2019级历史学（师范）班迎来了保研推免的关键期，面对就业的压力和考保研的抉择，该班召开了"人生理想与规划"主题班会，结合入学时完成的《职业规划书》与《学业规划书》，回顾大学三年的成长与收获。同时，邀请学院教师翟韬分享求学历程，就"升学还是就业"这一问题展开讨论，帮助同学们分析发展前景，为更好地作出选择提供信息支持。10月推免工作结束后，针对未来计划进一步升学的同学，组织了一场师范生升学专题活动，邀请专业教师开展针对性专业知识辅导；邀请考研成功的2018级本科毕业生丁雪莹结合自身经历分享复习、面试技巧，同时组建考研小分队，定期学习打卡，彼此激励；针对计划求职的同学，以专业见习为契机，深入中学教学一线，进一步坚定求职信心。

（四）力行实践，在行动中坚定师者初心

为了更快地适应实习生活，体验历史教师的工作常态，学院开展"三进"活动，即"走进中学、走进教师、走进学生"。利用专业教育实习契机，走进中学，感受氛围，适应教学模式；走进教师，感受课堂，锻炼实践能力；走进学生，认识差异，体会身份转化。充分利用10周的时间，为未来走上教师岗位打好基础。

2022年9—11月，2019级历史学（师范）班全体学生纷纷走进北京市各中学教育一线，开展为期10周的教育实习。在实习工作开展前，该班即已召开一次实习动员会，邀请专任班主任为大家做前期动员，邀请2018级学长学姐分享实习经验感受，帮助同学们打好心理基础。分组进入实习基地实习后，有目的地开展"三进"活动。在实习结束后组织一次总结交流会，不同实习基地的小组分享在各中学实习的体会，交流实习体验，总结经验教训，并最终完成实习报告。

三、行有"果"，桃李满行硕果丰

以历史之帆，乘时代之风，行青年之任。在"第一班主任"董竹娟的引领下，2019级历史学（师范）班全体学生以优异的成绩为本科阶段画上了圆满的句号。

班级同学始终紧密围绕在党组织周围，截至毕业时共有正式党员10名、预备党员5名。党员同学发挥先锋模范作用，带领班级同学积极学习党的理论知识，在庆祝建党100周年大会、2022年北京冬奥会等党和国家的重要活动中奉献青春力量。历史学（师范）班根植于首都师大姓"师"的特点，班级同学积极参与各级各类师范生技能大赛，如"精彩一课"全国教学大赛、"田家炳杯"全国师范院校师范生教学技能竞赛等赛事，磨炼本领，提高教学能力。

全班个人荣誉累计230余项，其中国家级2项，省市级12项；集体荣誉5项，曾获得校院各级"先进班集体""优秀团支部""卓越班集体"等荣誉称号，2023年5月获评"北京高校示范学生基层组织（班级）"荣誉称号。

全班就业去向落实率达100%，签约率92%，在全校各专业中名列前茅。国内外升学19人，升学率38%；26人顺利入职北京市、新疆维吾尔自治区各级中初教育单位，包括如北京市育才学校、北京市铁路第二中学、北京市第三中学等市、区各级重点中学及示范校；另有1人参加西部计划，前往西藏支教，为祖国教育事业奉献青春。

学生反馈

在这一年中，董竹娟老师带领我们相继开展了多项活动，我也有幸作为学生代表在党史教育主题课中分享个人感悟。在董老师的引领与鼓励下，我努力学习理论知识，热心投身社会实践，认真筑牢师范根基，发挥先锋模范作用，参与志愿服务活动。作为城市志愿者，为奥运盛会奉献我的一份力量，始终将自信开放的北京冬奥精神带入日常实践中去，让共同的历史记忆和民族文化融入一代又一代人的精神血脉！作为历史师范生，我始终牢记首都师大师范初心，认真磨炼自身本领,积极参与"三进"活动,努力提高教学能力。恰逢新时代,奋斗正当时。我一定会高举"五育"并举的旗帜,坚持德智体美劳全面发展。发挥历史专业优势,结合"四史"学习,在学思践悟中坚定理想信念、矢志拼搏奋斗,把个人理想融入国家和民族的事业,肩负起新时代赋予的重任,为实现中华民族的伟大复兴贡献青春力量!

——历史学院 2019 级历史学(师范)班 刘奥然

在"第一班主任"董竹娟老师的悉心指导下,我深深感受到了教育的力量与温暖。我来自新疆,是定向培养生的一员。在董老师的引领下,我更加坚定了成为一名教师的决心。我希望能够回到家乡新疆,为那里的教育事业贡献自己的力量,让更多的孩子享受到优质的教育资源,帮助他们实现自己的梦想。这份决心不仅源于我对家乡的深厚情感,更源于我对教育事业的热爱与执着。在"第一班主任"的榜样作用下,我更加明白,要成为一名合格的教师,需要有扎实的专业知识、高尚的道德品行和强烈的职业信念感与使命感。展望未来,我将继续怀揣感恩之心,坚定信念,不断提高自己的教育教学水平。我期待着能够响应时代的号召,投身教育事业,为培养更多优秀的人才贡献自己的力量。

——历史学院 2019 级历史学(师范)班 李凌萱

立足思政小课堂　培育未来"大先生"
——马克思主义学院"第一班主任"工作案例

闫可鑫　蔡　倩

2021年，习近平总书记在考察清华大学时强调："教师要成为'大先生'，做学生为学、为事、为人的示范，促进学生成长为全面发展的人。"首都师范大学作为培养教师队伍的主阵地，坚持立德树人根本任务，着力将学生打造成为教师"梦之队"的生力军和新时代的"大先生"。学校党委在同年12月23日正式启动"第一班主任"工作，强化政治引领，用习近平新时代中国特色社会主义思想凝聚青年学生价值共识。

马克思主义学院目前有"第一班主任"11人，涵盖教育主管部门领导、中学校长、国企党建专家和学院党政班子（见表1）。"第一班主任"们积极投身所在班级的思想引领和价值引导工作，通过形式多样的主题班会，把思政小课堂与社会大课堂相结合，在培养学生过程中凸显大视野、大格局，发挥大作用、大能量。

表1　首都师范大学马克思主义学院"第一班主任"

序号	姓名	职务	班级
1	孟繁华	时任首都师范大学党委书记，现任北京市第十六届人民代表大会常务委员会委员、教育科技文化卫生办公室主任	2020级思政班
2	李怀涛	首都师范大学马克思主义学院科研副院长	2020级马理班
3	黄延敏	首都师范大学党委常委、党委宣传部部长	2021级思政1班
4	寇洪江	北京工商大学副校长	2021级思政2班
5	沈永福	首都师范大学马克思主义学院院长	2021级马理班
6	韩华	首都师范大学马克思主义学院教学副院长	2022级思政1班
7	方敏	原首都师范大学马克思主义学院党委书记	2022级思政2班
8	于海	北京市委教育工委宣教处处长	2022级马理班
9	王苹	原陈经纶中学集团副校长	2023级思政1班
10	郭院丽	北京一零一中学校长助理、一零一中学昌平实验学校执行校长	2023级思政2班
11	张涌	中讯邮电咨询设计院公司党委书记、董事长	2023级马理班

以马克思主义学院 2020 级思政班育人工作为例，在"第一班主任"和专任班主任的精心带领下，班级学生投入学习勤思考，累计 215 人次获得奖学金，覆盖率达 100%；投身科研善求索，班级科研立项参与率 100%，主持国家级项目 3 项，省部级项目 6 项，校级项目 84 项；追逐梦想锐进取，在各类比赛中获得国家级奖项 8 项、省部级奖项 12 项、校级奖项 103 项。班级被新华网、《光明日报》、人民网、《环球时报》、学习强国、《北京青年报》、党建网、网易等主流媒体合计报道 33 次。班级学生课后"双减"工作参与率 100%，服务近百所中小学的学生 3.5 万余人次，彰显未来思政课"大先生"的使命担当。班级获评北京市"十佳班集体"荣誉称号，这是学校打造的具有首都特色的高校"第一班主任"思政育人工作新品牌所取得成绩的重要体现，也是学校围绕"立德树人"根本任务，构建"三全育人"体系，高度重视学生基层组织建设，依托各类平台深化人才培养过程所取得的实践成果，通过思政"小课堂"培育未来"大先生"。

一、强信仰之基，培育理想信念坚定的"大先生"

"云山苍苍，江水泱泱。先生之风，山高水长。"人能觅得一位良师，是生之所幸，学校能培育好老师，是民族之所望。依托学校"第一班主任"思政育人工作新模式，在"第一班主任"孟繁华的带领下，班级构建"五位一体"研"习"体系，实施分众化全覆盖学习机制，注重学习对象的全员性、学习内容的系统性、学习形式的多样性、学习方式的实效性、学习理论的深入性。班级采取"规定＋自选"模式，注重将学习内容"模块化"：在规定模块，始终把加强政治理论学习作为一项严肃的政治任务；在自选模块，推出系列微课，累计录制微课百余次，并且有 19 人参与首都师范大学 2022 年"一班一课"精品微课项目，有 10 组参与大学生综合素质提升专项课题中"双减"微课项目的申报。在"第一班主任"和专任班主任的引领与指导下，学生们解放思想，追求卓越，争做政治强、视野广的思政课"大先生"。

"第一班主任"以"Ｖ观论坛"为载体，从自身经历和感悟出发，解读重要会议精神、时政理论。活动以名师访谈、师生共议共学等形式开展，采用"第一班主任"孟繁华"领学"，学生党员"带学"，全班团员"跟学"的方式，构成全方位、多层次共学共研共实践的学习机制。"第一班主任"聚焦"新教育"，与学生代表展开访谈，分享个人长期教学实践中逐步形成的理念、个人教学实践经历等；聚焦"青年逐梦"话题，与班级青春榜样们展开访谈，阐述"堪为人师而模范之"的深刻意蕴；聚焦党的二十大会议，与全班党员、入党积极分子、团员共学共探讨，领悟党的二十大提出的新思想新论断、作出的新部署新要求；聚焦全国两会，与学生代表展开访谈，分享对于全国两会核心要义和重要精神的理解。在"Ⅴ观论坛"中，师生积极互动并近距离交流沟通，使学生真学、真想、真做，"第一班主任"在每一个重大节点，带领着学生们与新时代同频共振，对党的指导思想和理论、党的路线方针和政策进行政治与学理的宣讲和解读，引领培养思政班学生解读专业热点、学术前沿、时政焦点等重要话题的学术素养与能力。

"第一班主任"以"共抄经典"活动为依托，从经典著作、重要文件文本入手，开展共读共抄经典著作活动。孟繁华抄写《中共中央关于党的百年奋斗重大成就和历史经验的决议》首段，拉开"共抄经典"活动的帷幕，班级学生手抄两部经典著作《共产党宣言》《中共中央关于党的百年奋斗重大成就和历史经验的决议》。活动通过手抄的形式加强学生们对经典著作的重视程度，使学生认识到阅读经典著作、研读中央文件、关注时政要闻是培养专业素养和丰富理论储备的必要举措；强化马克思主义科学理论指导地位，让学生在耳濡目染中坚定理想信念，力争在学生思想深处筑起防侵蚀防渗透的坚强堤坝，成长为"传播先进思想文化和马克思主义理想信念"及与"社会和国家同呼吸共命运"的传道卫道"大先生"。

二、铸思想之魂，造就拥有大德品行的"大先生"

习近平总书记在中国人民大学考察时指出："培养社会主义建设者和接班人，迫切需要我们的教师既精通专业知识、做好'经师'，又涵养德行、成为'人师'，努力做精于'传道授业解惑'的'经师'和'人师'的统一者。"想把学生培养成什么样的人，自己首先就应该成为什么样的人。学校的"第一班主任"工作，为各院（系）甄选了一批坚定信仰马克思主义、积极投身中国特色社会主义、紧跟中国共产党前行，以自身言行一致的表率引导青年学生成长为"社会主义建设者和接班人"的"人师"。

"第一班主任"孟繁华引领班级学生争做思维新、自律严的思政课"大先生"。他指导班级创设专家引领学、分众针对学、情景再现学、共情浸润学、科研牵引学等多种学习形式，成功举办共学光荣校史、"领行"红色地标、共读重要文本、青春小喇叭、学习党史系列朗诵剧场、"青年说"座谈会等活动，通过沉浸式、情景式教育方式，使学生身处其中、浸润其中，在润物无声中实现大德涵养与培根铸魂。

共学光荣校史，孟繁华带领班级学生参观校史馆，讲述学校建立以来的成就，介绍建校以来校内的各位名师、名家，过程中学生针对校史馆陈列物品提出问题，访谈孟繁华对于"实践与认识关系"的见解，孟繁华为大家答疑解惑并分享自己的学习心得。在"第一班主任"沉浸式领学中，学生与孟繁华近距离探讨交流，加深了对校史的了解，更深刻理解了时代楷模对社会所产生的价值与意义。

"领行"红色地标，孟繁华带领班级学生赴北京市行政副中心——通州参观，带领学生参观北京城市副中心规划展厅总览全局，走进北京市行政办公区感悟氛围，踏入大运河森林公园体悟生态，一同见证十八大以来北京市通州区作为城市副中心建设突飞猛进的发展成就，亲身感受规划建设北京城市副中心是党中央作出的重大决策部署，是千年大计、国家大事。

共读重要文本，由"第一班主任"、专任班主任带领学生们在中国共青团成立100周年之际朗诵李大钊《青春》散文节选，体悟"以青春之我，创建青春之家庭，青春之国家，青春之民族，青春之人类，青春之地球，青春之宇宙"的重要阐释，深刻感受中国青年的历史使命与祖国的青春再造是紧密联系在一起的，是对祖国再造、恢复青春的热望。在学习领悟二十大报告活动中，孟繁华带领学生们共读报告中《办好人民满意的教育》片段，感受人民对教育的热切期盼，学习党和政府对教育事业的重要部署，使学生们更加认同"三尺讲台系国运，一生秉烛铸民魂"的深刻道理，更加坚定地用汗水浇灌思政教育热土，成为有理想信念、有道德情操、有扎实学识、有仁爱之心的青年教师。

讲好中国故事，班团组织"新时代马克思主义青年说"宣讲团、打造新媒介频道"青春小喇叭"，活动涵盖榜样系列故事、冬奥专题、二十大微话题等部分，收听量万余。班主任发挥模范带头作用，在第一期最先发声，讲述"燃灯校长"张桂梅老师的感人故事，该期在一个月内斩获收听量千余的好成绩。学生们接续用"易理解、接地气、有底气"的呈现方式讲好中国故事，用新时代的智慧为中国式现代化发出青春最强音，彰显未来青年教师热爱理论、坚定信仰、担当使命的活力风采。

三、育仁爱之心，涵养心怀大爱的"大先生"

教育是一门"仁而爱人"的事业，爱是教育的灵魂，没有爱就没有教育。为落实立德树人的根本任务，践行"青年服务国家"的使命担当，"第一班主任"引领班级学生深入学校社区服务群众、发挥专业优势服务乡村振兴、扎根京华大地服务重大志愿项目，在实践中完成从学生到教师的成长蜕变，传播党的声音，展现青春风采，争做情怀深、人格正的思政课"大先生"。

发挥专业优势因材施教，精准布局育人育才班级体系。孟繁华带领班级学生和专任班主任研讨如何建立"学习型班级"、如何创设适用于本班的班级制度、如何发挥专业优势创建班级品牌活动等，为培养出政治强、情怀深、思维新、视野广、自律严、人格正的永葆中国特色社会主义教育底色的卓越思政课教师而不懈努力。"第一班主任"引领班级以构建"学习型班级"为抓手，设立学习小组，开展多校云共读、云端自习室等日常学习活动，打造"固定＋灵活"模块化学习模式，营造处处可学、时时能学、人人皆学的学习氛围；以创设"班团双制度"为载体，构建班级治理体系，践行法治精神，落实提案选举制度、意见集中制度的有机统一，真正做到在班级制度、构造与活动上让学生参与进来，共同创建模范班级；以打造品牌活动为平台，坚持创造性建设和创新性发展相结合，将专业素养与理论自信相结合，将个人成长成才与发挥表率示范作用相结合，打造"慎思笃行 理论学习""蒲公英计划""红歌传唱"等特色活动，突出专业优势，提高活动实效；以专注宣传工作为着力点，依托《人民日报》、未来网高校等平台展现班级青年活力，传播未来思政课教师的信念，班级活动被新华网、《光明日报》、人民网、求是网、《环球时报》、学习强国、《北京青年报》、党建网、网易等主流媒体报道累计 30 余次。

育人先育己，培养"学为师表，行为世范"的新时代思政课"大先生"。"第一班主任"孟繁华与同学们探讨如何成为给学生带来幸福感的未来思政课教师，以亲身经历阐释如何建立师生"学习共同体"，与学生、时代"同频共振"，在为学、为师方面发挥榜样示范与行为表率作用，精准滴灌，为青年大学生点亮理想的灯，照亮前行的路，建立立德树人新范式。在中国共青团成立 100 周年之际，孟繁华深情寄语班级全体团员，提出"堪为人师而模范之"的四点希望——"堪为人师而模范之，当修身立德、当志存高远、当转识成智、当知行合一"，让学生牢记为师之德当有仁、当求真、当心系天下，潜心读书，认真做事，为成为一名卓越的未来思政课教师扎实前行，砥砺奋进。聚焦二十大报告，"第一班主任"引领班级全体学生领悟其中有关教育的要义与精神，指导班级举办活动"二十大微话题"，带动班级学生全员参与。在播客栏目中用接地气的语言讲好抽象的理论问题，用创新的活动形式增强班级学生对理论的学习热情，让学生实现从真理爱好者到真理实践者、宣传者的身份转变，践行"学马言马、在马兴马"的使命担当，培育传播先进思想文化和马克思主义理想信念的"大先生"。

以情育"人师"，担负起"青年服务国家"的责任担当。"第一班主任"孟繁华以"坚持就是胜利"为主题，给马克思主义学院全体党政班子和师生员工讲授疫情防控"大思政课"，为大家解读困惑、解决问题，让大家更加深入地了解相关政策，增强信心，提高自觉性，鼓励更多同学尽己所能贡献力量。

"第一班主任"通过共抄经典著作、共庆生日会、共上班级开学第一课等活动，以情动人、以情育人、以情感人，向学生传递积极乐观向上的正能量，让大爱犹如涓涓细流沁润心田，在情感、态度、价值观和心灵上与学生产生共鸣共情，让学生心怀大爱，将爱心奉献给同学、学校、社会，班级志愿服务时长累计5000 余小时。班级联动多所院校举办理论活动，发挥全国重点马克思主义学院的辐射作用，将育人之责贯穿到教育教学、社会实践、活动宣传各处，以聪明才智贡献国家，以开拓进取服务社会，追求更有高度、更有境界、更有品位的人生。

学生反馈

在班级制度优化后，我深刻感受到了班级氛围的变化。同学们更加积极地参与到班级的各项活动中，老师和同学的交流也变得更加频繁和深入。同时，由于提供了更多个性化的发展机会，同学们的学习热情和创造力得到了极大激发。

——马克思主义学院2020级思政班　陆俊霖

孟老师带领开展的"共抄经典"活动为我们提供了一个阅读经典原著的好方法，摘抄和批注加深了我们对经典原著内容的印象，为后续的理论学习打下基础。

——马克思主义学院2020级思政班　彭梓轩

孟老师在"V观论坛"中为我们解读党的二十大精神，带我们共读《办好人民满意的教育》，嘱咐我们要"学为人师，行为世范"，要深刻了解中国共产党人的精神谱系，我深感作为思政师范生，我们更要发挥自己的职业优势，肩负起时代赋予我们的使命。

——马克思主义学院2020级思政班　李晓泽

与孟老师多次进行交流学习，拉近了我们与孟老师的距离，孟老师的帮助不仅仅停留在现实中，更融入了每位同学的心中。

——马克思主义学院2020级思政班　崔　婷

在校史馆，我们与孟老师近距离交流，他向我们娓娓道来首都师大自成立至今的发展历程，在孟老师的谆谆教诲下我学有所获，更加坚定了为教育事业贡献自己力量的决心。

——马克思主义学院2020级思政班　帅　金

直到现在我依然清晰地记得孟老师给我们班上的第一课，他以情育人、以情感人，让我感受到了青年服务国家的使命与担当，他用自己的真实经历让我们大有所悟，鼓励我们要以实际行动彰显新时代大学生的责任担当，早日成长为堪当大任的栋梁之材。

——马克思主义学院 2020 级思政班　程紫佳

"三维班主任"育人体系让班级学习氛围越来越好，与"第一班主任"的交流让我们进一步关注、了解、热爱专业，提升专业素养。孟老师把我们当作"家人"，分享个人成长经历，牵挂班级的发展与成长，"第一班主任"工作真正做到驻班更驻心。孟老师常强调"堪为人师而模范之"，对我们成为优秀的人民教师寄予厚望。班级同学在"第一班主任"的引领示范下，以争做未来思政课"大先生"为目标不断向前。

——马克思主义学院 2020 级思政班　闫可鑫

孟老师以学铸魂领读理论，让我理解"以人民为中心发展教育"的深刻内涵，思考"优化基础教育生态、凝聚基础教育发展合力"的必要性；以思想之光领航向，指出"学习是不断建设、实践、检验的过程"，让我明确要在实践中增强本领；以情感人传经验，讲述"为师之德当有仁""为师之德当心系天下"，让我体悟为师之道，坚定贡献国家、服务社会的信念。在"第一班主任"育人模式下，我充实思想、涵养师德，向着成为"四有"好老师、成为未来思政课"大先生"迈出更坚定的一步。

——马克思主义学院 2020 级思政班　齐天爱

弘扬教育家精神　引领师范生成长
——初等教育学院"第一班主任"工作案例

刘婧媛　沈姝彤　鲁华夏

初等教育学院立足首都师大姓"师"和学院培养"具有教育家潜质的卓越小学教师"的目标，充分发挥学校资源优势和学院百年师范底蕴，以教育家精神为引领，处理好"第一班主任"工作中的"三对关系"，形成具有师范特色的"共识 共治 共享"的第一班主任工作模式。

目前，初等教育学院共有 16 名由校外领导、知名教育家及学校领导担任的"第一班主任"，包括时任教育部教师工作司司长、现任山东大学党委书记任友群，时任首都师范大学党委副书记、现任北京青年政治学院党委书记杨志成，首都师范大学副校长蔡春，清华附小校长窦桂梅，原任人大附小校长郑瑞芳，时任北京教科院基础教育教学研究中心小学数学室主任吴正宪，时任北京第二实验小学校长李烈（即将聘任），教育家魏书生（即将聘任），首都师范大学保卫处处长方煜东，时任首都师范大学学生处副处长、现任首都师范大学政法学院党委书记邓衍雷以及 6 位学院领导老师担任"第一班主任"。"第一班主任"带动学院专业教师 100％投入学院思政工作，形成了生动的"大思政"工作格局。

一、工作理念：处理好"三对关系"

"第一班主任"是思政班主任，重点突出思政引领和价值引导，通过多种形式、多种途径向师范生传递党的声音，坚定师范生的理想与信念。在"第一班主任"工作的设计和开展中，要坚持处理好"三对关系"，即小与大的关系、近与远的关系、情与理的关系。

（一）在角色定位上处理好小与大的关系

"小角色，大意义。"教育是提高人民综合素质、促进人的全面发展的重要途径，也是实现人民对美好生活向往的重要基础。教育大计，教师为本。"第一班主任"没有报酬、没有待遇，不与职称、职务晋升挂钩；但有任务、有使命、有情怀，与师范生的成长成才息息相关。"第一班主任"作为师范生健康成长的指导者和引路人，虽是"小"角色，却有"大"意义。"第一班主任"根据不同学段年龄、不同学科专业师范生的认知特点和思想特征，分层次、分类别、分阶段地进行教育引导，做好师范生价值引领，以教育家的大视野、大格局、大情怀、大智慧来谋划促进师范生成长成才，推进教育高质量发展，推动教育强国建设落地落实、高质高效。

"小机制，大能量。""第一班主任"是"小"机制，但有"大"能量。通过校内校外资源、线上线下学习、课内课外活动，更好地适应和满足师范生成长诉求、时代发展要求、社会进步需求，提升思政教育的吸引力和感召力，增强思想政治理论教育的育人效果，切实使教育教学更有温度、思想引领更有力度、立德树人更有效度。

"小切口，大实效。"聚焦"第一班主任"平台"小切口"，努力在现有体制框架下寻求突破，历经了从单一班会、综合教育活动走向智慧教育活动的探索过程，为落实立德树人根本任务提供了一个成功案例。"第一班主任"是"小"切口，但有"大"实效。统筹设计"第一班主任"载体和抓手，激活学校、激活教师、激活师范生，做强学院育人主阵地。构建"一班一品、一班多品"特色发展格局，激发育人活力。

（二）在育人规律上处理好近与远的关系

关注当下与长远。"青年强，则国家强"，青年是国家的未来，新时代中国青年处在中华民族发展的最好时期，既面临着难得的建功立业的人生际遇，也肩负着"天将降大任于是人"的时代使命。要将当下与未来相结合，将"小我"与"大我"相结合，将个人发展与祖国发展相结合。"第一班主任"引导师范生要立足当下、守正创新，将个人发展与国家命运紧密联系在一起，把树立远大理想和脚踏实地有机结合起来，在谋求个人发展过程中不忘社会责任。

关注个体与整体。个人确认了自己是集体中的一分子，会将个体的成长与集体的进步、国家的发展紧密结合，高度发扬集体主义精神，自觉承担起社会责任。思想政治教育作为集体认同教育的重要载体，肩负着提升集体认同的重要使命。"第一班主任"重视、加强认同教育，把集体认同、国家认同贯穿于高校思想政治教育的全部环节，从日常小事着手，通过多种有效途径，引导师范生筑牢认同教育根基，培育集体认同情感。同时"第一班主任"通过深入学生、与学生深入交流，关注了学生个体发展，帮助学生更好地处理个体与整体的关系。

关注思想困惑与现实困难。"第一班主任"深入了解师范生思想动态，了解师范生的所需所盼所忧，以师范生关心的生活问题、学业问题、就业问题等作为突破口，帮助他们树立正确的"三观"、解答实际问题、做好人生规划，做他们的成长导师，帮助解决现实困难；引领师范生既要立足当下，有改变世界的理想，更要在"仰望星空"的同时"脚踏实地"，养成追求卓越的人生品格。

（三）在育人方式上处理好情与理的关系

情与理是开展思想政治教育的两个紧密相关的要素，在思想政治教育中共同发挥着重要的作用，应实现情与理的相互依存、相互作用、相互渗透，形成整体教育合力。"第一班主任"在育人方式上理中有形，理更明；理中有情，情更深，做到于情于理、知情合一。充分发挥思政班主任的政治优势，重点突出情感认同和思想认同，升华理论认同和政治认同，充分挖掘和运用各门课程和各项校园文化活动中所蕴含的思想政治教育元素，健全第一课堂与第二课堂的育人管理与运行机制，通过讲好"中国故事"和讲清情理道理，切实品味"真理的味道"，深入领会"思想的力量"。

二、工作模式："共识、共治、共享"机制

"第一班主任"如何成为引领学院班主任建设，推进学院思想政治工作提质增效的关键力量？这不仅需要有精细化的顶层设计，更需要在工作机制方面发力，初等教育学院充分发挥学校资源优势和学院百年师范底蕴，以教育家精神为引领，形成"共识、共治、共享"的"第一班主任"工作模式（见图1）。

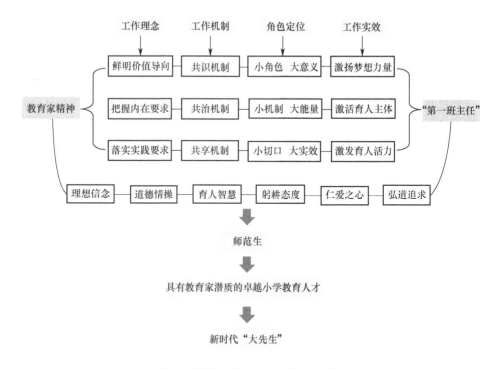

图1 "共识、共治、共享"工作模式

（一）共识机制

学院建立"第一班主任"共识机制，强调从思想认同、文化认同、心理认同三方面达成共识。一方面，面对新形势、新问题、新挑战，通过"第一班主任"领学教育家精神，带领全体师范生学习，对中国特有的教育家精神形成思想价值认同，凝聚成担当民族复兴大任新时代"大先生"的共识。另一方面，邀请"第一班主任"为全院班主任进行培训，并在"第一班主任"的带动下，将校内校外资源有效结合，形成生动活泼的大思政格局。

（二）共治机制

学院通过"第一班主任"工作，构建共治机制，营造文化多元共融、师生齐生共长、和谐共生、良性循环、全面发展、持续繁荣的育人有机体。学院依托平台整合专业资源，强化理论学习，将课内的知识教育、技能传授与课外实践的知识内化、技能强化、价值引领等功能深度融合，将学科、专业以及思想政治教育融为一体，增强思想政治教育的协同效应，实现思想和价值的引领。积极整合和拓展社会育人资源，搭建家庭、学校、社会、政府的对话平台，深入挖掘各类自然资源、文化资源、红色资源、科技资源之中的育人元素，形成"高校—政府—小学—社会"协同育人的谱系图。

（三）共享机制

共享机制是"第一班主任"协同班级成员，促进多方参与，激发班级活力的机制，具体做法为主题班会邀约机制、理论学习指导机制、社会实践领队机制，实现育人全覆盖，为全员育人搭建新平台。

1. 主题班会邀约机制

师范生自主设计、自主组织，邀请"第一班主任"开展主题班会。学院鼓励师范生将想法付诸实践，加深关怀，积极互动，在关怀、信任、尊重、积极的原则下，形成互信、共进的班风。以师范生为主体，充分发挥师范生的主观能动性，将教育与自我教育有机结合。"第一班主任"给予师范生更多的思考空间，对师范生进行引导和辅导，讲清国家政策，讲深家国情怀，讲活党的历史，讲透使命担当。在"第一班主任"生动的个人成长故事、鲜活的工作案例中，寓情于理，情理相融，把教师的主导作用和师范生的主体作用结合起来，将教育目的内化为师范生的行动，引领师范生树立远大理想，涵养教育情怀。

2. 理论学习指导机制

理论学习指导机制指"第一班主任"重点发挥政治引领作用，通过开展理论宣传、政策解读、专题报告等形式，深入班级讲授"大思政课"，学习党的二十大精神和习近平新时代中国特色社会主义思想，以师范生更能接受、更符合青年思维特点的话语方式展开培育引导，以点带面，引领师范生用党的创新理论武装头脑。深入班级、走进学生、融入学生，共同画出为党育人、为国育才的最大同心圆。

学院聚焦教育家精神，举办教育家讲坛，力图打造专业教育、文化育人平台，切实推动"四有"好老师学习教育落到实处，激发师范生家国情怀，助力师生学得深、悟得透、做得好，进一步解放思想，凝聚共识，为推动学院高质量发展奠定坚实基础。"第一班主任"分享亲身经历和育人故事，是学习贯彻习近平总书记关于教育的重要论述、厚植教育情怀的具体实践。

3. 社会实践领队机制

社会实践领队机制指"第一班主任"作为领队，指导学院社会实践活动工作的开展。实践育人作为落实立德树人根本任务的关键环节，是思想政治工作体系的有机组成，是培养担当民族复兴大任的时代新人的有效途径。学院着力打造师范生"第二课堂"建设，开展形式多样的社会实践活动，将有效助力青年学子在实践课堂中受教育、长才干、做贡献。"第一班主任"以社会实践领队机制为依托，推进以班级为单位的主题实践教育活动。作为实践团队指导教师，带领师范生积极参加社会实践，给予师范生足够的空间自行组织策划。根据师范生自行选择的实践主题加以指导，保证师范生实践质量。充分调动师范生的积极性，全面锻炼其接触社会、深入社会的能力。同时更加有效地利用社会资源对师范生开展社会实践教育，大大激发了师范生的想象力、积极性和主动性。引导师范生在实践中不断加深对党的创新理论的理解，做到内化于心、外化于行。

三、工作做法：打造"一班一品"

为抓实"第一班主任"育人效果，学院结合班级专业特色，以专业素养、文化建设、平台搭建三种方式，打造"一班一品"的"第一班主任"育人品牌，营造浓厚师范生氛围，增强班级凝聚力。同时，结合传统文化特色，为各班品牌命名，创新思想理论学习的方式方法，不断探索优化理论学习的内容供给，使师范生在社会课堂中真实体悟党的创新理论的真理力量和实践伟力，实现理论学习成果的内化和转化。

2021级德育班打造班级品牌活动"至德观影"。"第一班主任"任友群推荐电影，组织班级同学进行观影研讨。每学期选择感兴趣的电影进行观看，定期举办观影分享班会，在班会中分享观看电影的感悟。任老师引导师范生要在青春年华中尽可能多看一些电影，多看一些教育的人，然后在教学中不断实践。

2022级音乐班打造班级"爱乐坊"特色品牌。"柏林爱乐"是柏林爱乐乐团的名称，是世界著名的交响乐团，这个名字与音乐教育有着密切联系。它象征着音乐教育和成长的精神，音乐班取名"爱乐坊"便是希望可以将这种精神传承延续下去。在"第一班主任"的提倡下，同学们共同观看爱乐乐团、中央民族乐团等优质乐团的往期演奏片段或器乐比赛视频。同学们以 6—10 人为一组，每周在班级内以小型合唱等形式进行声乐汇报展演。在"爱乐坊"实践过程中，"第一班主任"郑瑞芳指出"教育家"是指那些以教书育人为己任的人，他们通过传授知识和技能来帮助同学们成长与发展，而创办"爱乐坊"便是致力于提供优质资源与机会，在潜移默化中提升同学们对艺术的鉴赏力，明确对音乐美学的理解力，帮助同学们挖掘培养自己的潜力，实现个人梦想。这种对教育的执着追求和对师范生的关注，正是教育家精神的核心所在。

四、工作实效：形成可学习、可借鉴、可复制、可推广的工作特色

初等教育学院全面贯彻党的教育方针，落实立德树人根本任务，依托学院"三全育人"平台，不断激扬梦想力量、激活育人主体、激发育人活力，形成具有鲜明师范特色的工作体系。

激扬梦想力量，让筑梦步伐更坚实。在"第一班主任"的带领下，师范生们政治意识牢固、家国情怀浓厚、教育理想坚定，他们深入学习党的理论，将个人理想与国家发展紧密相连。学院共发展学生党员 16 名，学生团学活动参与率100％，四个班级团支部荣获校"优秀团支部"称号，两个班级荣获校"卓越班集体"称号。师范生们热爱这片土地，珍视这个国家的历史与文化。各班每学期开展志愿服务 10 次以上，参与率 100％，累计志愿时长均为 1000 小时以上。更为重要的是，师范生们教育理想坚定，他们深知教育的意义和价值，明白自己肩负的责任和使命。

激活育人主体，让教育资源更凝聚。在学院的整体部署下，初等教育学院邀请教育部教师工作司司长、学校领导、基础教育一线教育家担任"第一班主任"，学院教师、师范生不但感受到了国家、北京市、学校对于师范生培养的高度重视

和深切关怀，更是通过与教育管理部门的领导、一线教育家的深入交流，了解了国家教育发展的热点、难点、痛点，增强了作为师范生的使命感、荣誉感、责任感；"第一班主任"对班级的引领，对于专任班主任、专业教师也是一种激励和肯定，调动更多的专业教师积极投身思想政治教育工作，起到了激活育人主体的作用。

激发育人活力，让教育形式更有生命力。通过形式多样、内涵丰富的学习、实践方式，师范生多次参与课程研发大赛、师风赛等活动，取得优异成绩，切实提升了专业能力。累计108名学生主动参加各小学的"双减"课后服务课程、小学共建项目，在实践中教授知识，获取教学经验，坚定自身教育理想，深化对"未来教育家"的价值认同和行动自觉。

学 生 反 馈

我们非常荣幸能够邀请到我们班的"第一班主任"任友群老师。在班会中，任老师用生动有趣、贴近生活的话语，带领我们学习了习近平总书记关于加强党的建设的重要讲话精神。同时，任老师还向我们推荐了《大考》这部电视剧。在"第一班主任"的引导下，全院同学一同观看，并召开了分享交流会，共同探讨教育家精神，为成为一名卓越的小学德育教师夯实基础。在这一年中，2021级德育班所有同学在"第一班主任"任友群的带领下特别振奋，从各方面不断提升自身综合素质，增强班级凝聚力，荣获了"北京市先进班集体"的称号。

——初等教育学院2021级德育班　苏　婧

在班会上，"第一班主任"杨志成老师以自己扎根教育一线的教学实践经历，教导我们要坚定教育理想，珍惜每一次教学实践的机会。2023年暑假，我参加了"美焕童心"社会实践活动，为河北省保定市阜平县的200余名小学生带去了6节《西游记》系列课程。在实践中，我收获了宝贵的教学经验，也坚定了教育理想。在未来，我会不断提升自己，努力成为有理想信念、有道德情操、有扎实学识、有仁爱之心的"四有"好老师。

——初等教育学院 2021 级敬修书院　戎天瑶

杨志成老师通过分享一个个发生在身边的故事，让我明白"家国情怀"的内涵，明白要用自己的力量帮助更多的人。我有幸作为第三届"一带一路"国际合作高峰论坛志愿者参与服务，先后接待了尼日利亚代表团四次，他们每次都会和我握手，笑着感谢我，让我深刻感受到国际友人的温暖和国际友谊的力量。当我看到俄罗斯代表团在留言簿上写下"俄罗斯＋中国＝♥"时，当一个个外国友人留下真诚的感谢和美好的微笑时，我会感恩属于中国的大国荣耀。何其有幸，生于中华。

——初等教育学院 2021 级敬修书院　邵中南

2023 年 4 月 1 日，"第一班主任"邓衍雷老师带领全班同学来到北京西山国家森林公园，开展了一场生动的红色主题教育。邓老师耐心细致地向我们讲解了无名英雄的英勇事迹，带领我们近距离瞻仰了无名英雄纪念碑，他结合自身工作经历和实际案例，鼓励我们在校期间要积极参加志愿服务和社会实践，要以实际行动感恩励志，铭记英雄壮举。在"第一班主任"的指引下，我们班全体同学都加入志愿服务的队伍当中，班级志愿总时长达 3772 小时，荣获首都师范大学"优秀团支部"称号。

——初等教育学院 2021 级数学 2 班　王俊骁

协同共筑同心圆　强师赋能育新人
——学前教育学院"第一班主任"工作案例

赵思雯　王　磊

习近平总书记在全国优秀教师代表座谈会致信全国优秀教师代表，强调："新征程上，希望你们和全国广大教师以教育家为榜样，大力弘扬教育家精神，牢记为党育人、为国育才的初心使命，树立'躬耕教坛、强国有我'的志向和抱负，自信自强、踔厉奋发，为强国建设、民族复兴伟业作出新的更大贡献。"学前教育学院作为北京市幼儿教师成长的摇篮，高度重视、全面聚焦立德树人根本任务，在学校构建的"三维班主任"育人体系下，立足学前教育专业学生成长特点，为培育时代新人汇聚协同育人合力。学院分批次共聘任了12位"第一班主任"，建立了包括中共中央办公厅干部、教育主管部门领导、北京市幼教领域专家、知名幼儿园园长在内的校外"第一班主任"队伍和包括学校领导、中层干部、学院党委成员在内的校内"第一班主任"队伍。

一、努力构建"同向—同频—同力"全方位"第一班主任"育人格局

学院紧扣新时代高校思想政治教育的目标和任务，加强顶层设计，努力构建"同向—同频—同力"的"第一班主任"育人格局，着力发挥协同育人的聚合作用，努力为师范生高质量发展赋能。

（一）同向而行，聚焦立德树人

学院坚持以习近平新时代中国特色社会主义思想为指导，按照习近平总书记对高等教育的指示要求，紧紧围绕立德树人根本任务，根据当前的形势和要求，将"第一班主任"制度落地落实，校内外"第一班主任"育人队伍同向而行。

选聘"第一班主任"为学院班级建设添翼。学院打造梯队式、多层次、宽领域的思想政治教育工作队伍，聘任充满干劲、年轻有为的青年教师和德高望重、

富有经验的教授学者担任班级的专任班主任，选聘热心于青年工作的中共中央办公厅干部、教育主管部门领导、学校学院领导干部、幼教领域资深专家以及幼儿园园长担任"第一班主任"，为学院班级建设注入新力量，充分发挥思想引领、价值塑造、行为示范的重要作用。自 2022 年 9 月始，聘任时任教育部职业教育与成人教育司司长、现任教育部财务司司长陈子季担任"第一班主任"。后陆续聘任时任学校团委书记、现任学生处处长齐成龙，校学生处副处长许虎和学院党委副书记王磊担任"第一班主任"。2023 年上半年，先后聘任了北京明天幼稚集团总院长兼书记雷海环，北京市西城区三教寺幼儿园书记、园长王岚，北京市朝阳区惠新里幼儿园书记、园长杨丽欣，北京市丰台区第一幼儿园书记、园长朱继文，时任北京市朝阳区劲松第一幼儿园书记、园长于渊莘和学院党委书记胡洁担任"第一班主任"。2023 年 9 月，邀请中共中央办公厅副局级干部吴亮担任"第一班主任"；10 月，校党委书记缪劲翔受邀担任学前教育学院君顾书院的"第一班主任"。"第一班主任"、专任班主任同向而行，以学生为中心的三维体系有机融合，稳步助力学生成长成才。

（二）同频共振，聚合育人实效

学院党委把好落实"第一班主任"的主体责任，将"第一班主任"作为新时代高校思想政治教育的重要抓手，充分发挥"第一班主任"的统领作用，建立稳固的育人共同体，在同频共振中聚合育人实效。

落实"第一班主任"思想政治教育的统领作用。在学校党委的指导和支持下，初步建立学院"三维班主任"协同一体化的育人模式。以"第一班主任"为统领，专任班主任和领航班主任为基石，协同校内专业导师、校外实践导师，有力衔接，实现理想信念、专业学习、校园文化、社会实践等各环节协同联动，形成稳固的高校思想政治教育育人共同体。围绕高校思想政治教育工作的目标和内容，宏观层面，在"第一班主任"的统领下，积极发挥价值引领、思想塑造的作用，参与学院育人方案的顶层设计与指导，在就业观念引导、心理健康教育、专业信念树立等关键环节发挥重要作用；微观层面，"第一班主任"与专任班主任、辅导员、校内外导师联系密切，参与学生主题班会、文体活动，讲授思政微课，参观红色教育基地，召开座谈会、组织志愿服务等，与学生面对面接触，深入班级内部，及时了解当前学生学习生活的实际问题，回应学生诉求，为学生们提供必要且及时的指导和支持。"第一班主任"快速适应角色，与专任班主任、辅导员以及校内外导师等高效衔接配合，有力发挥育人共同体的聚合效果。

（三）同力协契，聚力师范赋能

学院历来重视师范生的高质量培养，围绕"培养卓越幼儿园教师"的育人目标，以学生为中心，关注学生的成长成才和全面发展，厚植教育情怀，为高质量师范生培养赋能。

发挥"第一班主任"在学生成长成才关键环节的重要作用。中共中央办公厅领导干部、教育部门主管领导等"第一班主任"不定期与学生开展交流互动，通过座谈会或者主题班会，在重要节点向学生传达党和国家的教育政策和指导方针，帮助学生更好地理解和适应社会发展的需求，搭建开阔视野平台的同时，助力构建开放和谐的教育环境；北京市幼教领域专家、知名幼儿园园长等"第一班主任"定期举办"名师大讲堂"，为学生提供学业指导、职业规划引导，将师范生价值引领与职业价值观塑造有机结合；学校领导、中层干部等"第一班主任"定期深入班级，学院党委成员等"第一班主任"全时对接学生班级，召开主题班会、学生座谈会，参加学生活动，与学生近距离交流，及时把握学生思想行为动态的同时，为学生提供了反映意见和建议的窗口，加强了师生间的紧密联络。通过探索和实践，"第一班主任"在学生成长成才的关键环节发挥了重要作用，为打造符合学前教育专业特点的、培养高质量师范生的育人阵地贡献力量。

二、积极建设"理论—专业—实践"多层次"第一班主任"育人内容

自"第一班主任"工作启动以来，学院党委以学生为中心，关注学生全面发展，以思想引领为基石，以"五育"并举为指引，由"第一班主任"讲好"四堂课"，引导学生强化理想信念、厚植教育情怀，不忘师范初心与使命。

（一）上好启智润心的思政课，将思政课讲出"专业情"

"第一班主任"为班级学生讲授"大思政课"，关注培养学生的专业素养和情感认同，将思政课讲出"专业情"，激发学生对专业的热爱，引导他们树立正确的价值观。

2023年11月24日，学院首届君顾书院（师范班）全体师生在"第一班主任"、学校党委书记缪劲翔的带领下，在学校附属幼儿园举办了"以爱育爱，培养新时代教育家型幼儿教师"主题班会。缪劲翔作为活动的指导者和启发者，认真听取学生的汇报，分享了自己在学习和工作中的经验与感悟。他强调专业技能的全面发展和专业知识的深入研究的重要性，用教育家精神寄语班级学生并赠送《中华美德古训》，鼓励同学们深入学习中华优秀传统文化，在教育家精神的指引下，培养高尚的师德和责任感，在未来的教育工作中能够用爱心、耐心和童心引导和教育幼儿。

2023年11月14日，"第一班主任"、中共中央办公厅副局级干部吴亮参加了2023级学前教育（师范）本科2班"坚守理想，扬帆起航"主题班会。他通过思政微课的方式对学生进行指导和启发，指导学生们如何面对挑战、抓住机遇以及为未来成功做足准备，这些都是帮助学生们在成长过程中形成正确世界观、人生观和价值观的重要课题。通过引用何兆武《上学记》中对"幸福"的定义，吴亮表达了对同学们的期望，即不仅要有光明的个人前途，还要看到社会的美好前景，并且要为国家的发展作出自己的贡献。

这样的主题班会和思政微课培养了青年学生，尤其是刚刚步入大学的新生的责任感、使命感、专业认同感和对未来的积极态度，引导学生更清晰地认识自己、了解大学生活，更有针对性地规划自己的未来。

（二）上好特色鲜明的专业课，把专业课上出"思政味"

"第一班主任"在教授专业课或开展专业活动的过程中，融入思想政治教育内容，把专业课上出"思政味"，有助于提高学生的思想政治觉悟，培养他们的社会责任感和使命感。

2023 年 11 月 13 日,"第一班主任"、北京市西城区三教寺幼儿园党支部书记兼园长王岚参加了 2022 级学前教育(师范)本科 3 班"躬耕教坛,强国有我——弘扬教育家精神"主题班会。王岚分别从"理解教育家精神核心要义""大力弘扬教育家精神"和"踔厉奋发,不负韶华"三个层次对同学们进行教育引导。通过强调"德为先"的重要性,指出师德是教师最宝贵的精神财富。她将学前教育视为至关重要的根基,并引用了"童蒙养正,圣功也!"来表达对这一职业的崇高敬意,结合自己扎根学前教育事业几十载的经历与感受,从"幼儿眼中的教师""教育家心中的教师""政策对教师角色的要求"等不同视角详细阐述了幼儿园教师的职业定位,勉励师范生们要有爱党之心,要励志向上、追求真理、积极实践,通过奋斗和实干增强作为教师的自信和能力,以实现教育事业的成功,不辜负党和人民的期望。2023 年 12 月 21 日,王岚带领三教寺幼儿园的 13 名教师回学院参与了一次聚焦于教育叙事行动研究的微论坛。参与这次微论坛的 13 名教师中有近 10 名是学院的毕业生,他们分别在"文化视野中的幼儿园教师叙事探究""新教师的迷茫与探究""在师幼互动中看见幼儿、照见自己"三个研讨板块中做了经验分享。过程中,现场师生看到了入职后幼儿园教师们的飞速成长,看到了在"第一班主任"的助推下,学院与幼儿园携手构建的职前职后学习成长共同体,看到了促进一线幼儿教师专业成长、成为研究型教师的努力与实践。

2023 年 9 月 9 日,"第一班主任"齐成龙为班级同学们提供了在学校大学生活动中心参加电影《学爸》专场观影活动的机会。通过观影,同学们生动地感受到家长的情绪和困境,更好地理解了"幼小衔接"和"双减"等教育政策的实施现状。齐成龙强调教育是全社会共同重视的领域,尤其是学前教育阶段。希望同学们紧密结合家园社协同育人理念,调动全社会资源,以满足国家现代化进程中对高层次教师的需求。他多次在班会和班级活动中鼓励同学们积极参与社会实践,勇于挑战自我,突破舒适区,将青春绽放在祖国和人民需要的地方。

无论是特级园长的"名师大讲堂"在教室里讲专业,还是团委书记以观影形式讲专业,都是将专业与思政相结合,将思政教育融入师范生培养全过程,其教育理念都是培养具有高尚师德、坚定理想信念和专业能力过硬的新时代幼儿教师，增强师范生的专业素养。把专业情怀融入思政教育，也用思政元素点亮专业课，为建设教育强国贡献力量。

（三）上好知行合一的实践课，打造"行走的思政课"

实践是培养学生实际操作能力和综合素质的重要途径，学院以"实践价值取向"为育人理念，多年来积累了较为深厚的实践育人成果。通过打造"行走的思政课"，学生在实践中体验和领悟思想政治理论，在实际操作中不断提高自己的思想政治素质。

2023年11月30日，"第一班主任"胡洁参加了2023级学前教育（师范）贯通1班"培养良好习惯 成就精彩人生"主题班会，并提出了过好大学生活的三个关键词——修身、求学、热爱，旨在指导班级新生更好地适应大学生活，提升自我。她鼓励同学们认清自己才是学习的主体，制订合理的学习计划，充分利用环境资源提高学习效率。同时强调对生活和专业领域保持热爱的重要性，指出这是驱动持续学习和成长的内在动力。胡洁通过分享自己的业余爱好，如编织、烹饪和手工艺品制作，展示了如何将对生活的热爱转化为具体行动，从而提高生活质量和个人幸福感。她还提出将劳动教育和审美情趣培养结合起来，让生活更加丰富多彩。这堂实践引导课和劳动教育课尚未结束，班级学生已经跃跃欲试，与胡老师讨论起帽子编织、烹饪技巧和编结工艺，并约定未来将在"第一班主任"的指导下开展编织、烹饪和编结等班级特色劳动课程。

2023年12月7日，"第一班主任"许虎以"火热军营 精彩人生"为题，为同学们带来了一场激情澎湃的参军动员讲座。他指出参军入伍是人生最好的一次选择，详细解读了参军入伍的优惠政策，并邀请学校第十三届"青春榜样"、学校国防教育协会副会长安博乐同学和两位原学前教育学院退伍大学生代表陈子强、张旭锋进行征兵宣讲，让朋辈榜样生动展示了他们军旅生涯的心路历程。2023年4月26日，许虎为班级同学搭建了优秀朋辈学习交流平台，邀请学校第十三届"青春榜样"、物理系2019级本科生王芋霏走进班级，与同学们座谈交流，以"但行前路，不负韶华"为题分享大学期间的获奖情况和学习经历，引导同学们树立积极的人生观和明确的成长方向。通过几次朋辈交流分享，让品质优秀、综合素质好、积极性高、热心助人的优秀学长走进低年级大学生，"第一班主任"及时给予正确引导，用优秀学长的有益经验、知识技能和热心奉献的精神，帮助低年级学生解决生活适应、心理调适、专业学习、职业规划、人际交往等各方面的问题。

（四）上好美育浸润的文化课，让艺术课程彰显学前特色

艺术教育是学前教育的重要组成部分，通过让艺术课程彰显学前特色，可以培养学生的审美情趣和创造力，使他们在欣赏和创作艺术作品的过程中，感受到优秀文化的魅力，从而提高学生的艺术素养、文化底蕴和民族自豪感。

2023 年 4 月 24 日，"第一班主任"、北京市丰台区第一幼儿园书记、园长朱继文带领学生参观"美焕文心"——第七届首都师范大学艺术季的"童画未来多彩学前"学院学生美术作品展并进行点评。她对同学们在学校良好的育人环境和氛围中的成长表示肯定，她指出展览紧密贴合北京市幼儿园的实际需求，坚持了以美育人、以文化人的原则，不仅展示了学前教育学院美术教育的特色和成果，也展现了学前教育专业学生的艺术才华，更体现了学院的美育工作成效，以及"各美其美，美美与共"的育人理念。她结合学院"立足北京，服务首都学前美育事业"的人才培养目标和幼儿园美育的实际需求，希望同学们通过学习和动手实操，改变美术基础薄弱的现状，在学院的培养下，努力成长为具备中西美学素养，能够绘画、教学并善于创新的优秀学前教师。

2023 年 5 月 4 日，"第一班主任"胡洁、王磊携手学院百名学子共同参加学校"五四"光荣之歌青春歌会。院党委以党建引领团建，融美育与思政为一体，彰显学前特色、展现师范风采。师生齐心协力，经过一个月余的共同排练，激情演绎歌曲《我的中国心》，诠释了对五四精神的领悟和对祖国的热爱，最终获得本届歌会一等奖、精神风貌奖和优秀指挥奖，成就了一段难忘的青春记忆。

2023 年 5 月 25 日，"第一班主任"王磊组织 2022 级学前教育（师范）贯通培养 3 班、4 班全体同学赴卢沟桥文化景区开展"参观红色记忆 赓续红色血脉"实景主题班会。参观了"红色·记忆——北京革命旧址手绘作品展"，让

同学们更全面、深入地了解新民主主义革命时期中国共产党在北京的历史事件和重要人物活动。结合历史事件的教育价值和美术作品的审美优势，引导学前教育专业的学生进一步增强爱国情感与民族自豪感，同时，通过艺术作品的审美体验，从前辈的奋斗中汲取养分，从民族的历史中获得力量，未来能够发挥专业特长，发扬艰苦奋斗、不畏牺牲的精神，用青春和努力为教育强国贡献力量。

三、持续凝练"全员—全程—全方位"立体化"第一班主任"育人成效

学院党委构建"同向—同频—同力"全方位"第一班主任"育人格局，积极建设"理论—专业—实践"多层次"第一班主任"育人内容，持续发挥"全员协同—全程贯通—全方位融合"的立体化"第一班主任"育人成效，不断总结经验，在育人凝聚力、辐射力和活力上下功夫，不断提高高校思想政治教育实效性。

（一）全员协同，提升"第一班主任"育人凝聚力

"第一班主任"、专任班主任、领航班主任、辅导员、校内专业导师、校外实践导师、优秀校友等全员协同，牢记为党育人、为国育才的初心和使命，在"三维班主任"育人体系下融合联动，为学生的成长成才保驾护航。

"第一班主任"具备独有的教育资源和经验优势。他们能够有效地将这些资源运用到育人实践中，为学生提供丰富的学习和成长机会的同时，推动学院思想政治教育工作队伍的建设与发展。"第一班主任"通过"请进来、走出去"的方式，将校内外的优势资源，如优秀教师、科研项目、实践平台和文化活动等带到班级中，鼓励和带领学生参与校外社会实践和专业实习，以开阔学生视野，增强实践能力，让学生感受到这些资源对他们成长的实际帮助。"第一班主任"的影响力还可以辐射到整个年级乃至整个学院的学生群体，实现育人效果的放大。在"第一班主任"的指导和支持下，实现校内外沟通平台搭建、深度交流合作，为专任班主任、专职辅导员、校内导师提供广阔平台，通过专题培训、工作交流、岗位实践等，培养和树立一批"师德先进个人""十佳辅导员""优秀班主

任""优秀共产党员"等扎根学生思想政治教育的示范人物，实现"第一班主任"统领下的队伍优化，凝聚育人合力，进一步提高和推动学院思想政治教育工作的实效性。

（二）全程贯通，增强"第一班主任"育人辐射力

在发挥"第一班主任"统领作用的同时，学院党委从育人的整体大局出发，发挥育人的辐射效应，实现学生入学、毕业以及职后发展的全程贯通。

"第一班主任"对接班级后，对于学生的成长成才引导是全程贯通式的，贯穿学生在校学习的全过程，指导和陪伴班级学生一直到毕业离校，甚至在学生毕业后的职业发展中仍能提供相关的指导和支持。这种模式能够将"第一班主任"的育人理念持续、连贯地贯彻落实到班级，确保学生在不同阶段和环境中都能够获得持续的教育和指导。全程贯通式的培养，能够让"第一班主任"关注到高校育人的基本单元和组织形式——班级，将宏观的教育目标落实到具体的教学内容和活动中，注重每个学生的独特需求和潜力，为他们提供定制化的指导和资源，支持学生的个性化发展。由此，有助于推动育人工作实现从宏观到具体、从模糊到精准、从事后到事先、从漫灌到滴灌，提升育人的辐射力和针对性。

（三）全方位融合，激发"第一班主任"育人活力

在"三维班主任"育人体系下，学院党委以点代面，以建设"第一班主任"为重要契机，以班级建设为切口，以党建带团建促班建，实现育人主体的全方位融合。

学院自聘任"第一班主任"以来，充分挖掘可调动的专家资源、培训资源、实践资源、学习资源、活动资源等，打造"行走的思政课"，开展系列主题教育实践，引导学生在服务国家重大活动中彰显使命担当。推进"四个一百"育人行动，引导学生阅读百本经典书目、认识百位教师/校友、聆听百场讲座论坛、参加百次艺体/实践活动，建设书香班级、活力班级，引导学生在服务首都学前教育事业中锤炼专业本领。通过融合党支部、团支部和班级建设，形成了学生党员—共青团员—学生骨干的全方位示范效应。近年来，涌现出"中国大学生自强之

星""北京市三好学生""北京市优秀学生干部""北京市学生资助宣传大使"等优秀学生榜样。

未来，学院将进一步扩大"第一班主任"队伍，邀请和选聘更多有能力、有意愿的优秀人物加入"第一班主任"的行列，扩大"第一班主任"工作的覆盖面，拓宽"第一班主任"工作的路径，增强"第一班主任"工作的效果。探索搭建更多交流平台，让"第一班主任"能够通过多渠道与更多学生进行互动，为更多学生的成长和发展提供支持。

学生反馈

缪劲翔书记担任我们的"第一班主任"，我和同学们都感到无比振奋！缪书记参加了君顾书院的成立仪式，组织召开主题班会，还带领我们观摩了幼儿园教学活动，极大地激发了我们的积极性。他在百忙之中抽出时间与我们面对面交流，让我们深切感受到了学校领导对学生成长的关怀，不仅增进了我们对学校的归属感和对专业的认同感，也激励我们努力成为卓越的幼儿教师。在交流中，缪书记耐心倾听每一位同学的发言，细致解答我们的疑惑，并分享了宝贵的人生经验和深刻的思考。这不仅开阔了我们的视野，也使我们在思想深处受到触动，为我们树立了学习的榜样，提供了努力的方向。缪书记的加入，让我们在追求梦想的道路上拥有了一份特别的力量，让我们更加坚信君顾书院是一个充满爱与智慧的地方，我们将会更加努力地学习，不断提升自己，以优异的表现回报学校和老师的期望。

——学前教育学院2023级君顾书院　张医桥

吴亮老师担任班级"第一班主任"，这让我们感受到了学校和学院对班级建设的重视与关心。在第一次班会上，吴老师深情讲述了自己求学和工作的经历，分享了人生的体验和感悟，引导我们正确看待成长道路上的坎坷和曲折，鼓励我们要在机会来临前做好充分的准备。这引发了我对于人生、成长、价值的深入思考。人生的道路不是一帆风顺的，面对困难和挑战，我们要有积极应对的态度、敢于战胜的勇气和一往无前的志气。吴老师说，教育是崇高的事业。作为未来的幼儿教师，我深知身上肩负着的责任和使命，我将努力学习专业知识，提高专业技能，发展综合素质，为日后的职业道路打下坚实的基础。作为班委会成员，我将率先垂范、甘于奉献，相信在"第一班主任"的支持下，我们的班级会更加团结、友爱、蒸蒸日上！

——学前教育学院 2023 级学前教育（师范）本科 2 班　广馨月

齐成龙老师自担任班级"第一班主任"以来，通过召开班会、讲授思政微课、组织观影和志愿服务等，积极引导同学们树立正确的价值观念，创新丰富班级文化生活。犹记得在班会上，齐老师以中共一大的召开为例，结合历史阐明了青年师范学生在推动思想进步和助力国家发展上的重要性，向同学们提出了"要以祖国需要为价值取向，树立远大理想，坚守教育初心，奋斗实现理想"的号召和嘱托。过去学习中国共产党的历史时，我只停留在关注革命先辈的事迹层面，没有结合师范生身份和时代使命进行深入思考，通过齐老师的点拨，我明白了中国共产党走过百余年光辉历程，历史的车轮滚滚向前，前赴后继的先辈中也有三尺讲台上的"大先生"。这让我感到震撼的同时，也让我认识到，未来应继续深入学习党的历史，从历史中汲取奋进的力量，努力学习专业知识，扎实专业技能，怀抱对基础教育事业的初心和使命，争做新时代堪当大任的"大先生"。

——学前教育学院 2021 级学前教育（师范）本科 5 班　颜瑞鑫

立德树人常有道　积力致远细无声
——燕都学院"第一班主任"工作案例

杨　梁

燕都学院是学校拔尖人才培养体系的重要组成部分，始终把学生思想政治工作作为拔尖创新人才培养工作的生命线，所培养的学生是具有国际视野的宽口径、厚基础、高素质人才，更是新时代的可靠接班人。

为落实立德树人根本任务，深化"三全育人"工作成效，不断提升思政育人工作质量，按照学校统一部署，燕都学院认真推动"第一班主任"工作，深入推进班主任工作体系建设。2022 年 11 月，学校选聘良乡校区基础学部副主任兼教务处副处长、生命科学学院教授张成担任 2022 级"第一班主任"；2023 年 6 月，选聘时任机关党委书记杜春丽担任 2020 级"第一班主任"，选聘北京市丰台区委党校副教授、2022 年"首都劳动奖章"获得者李燕担任 2021 级"第一班主任"。

一年多来，燕都学院根据自身特色和学生实际，积极组织"第一班主任"开展主题讲座、红色研学、社会实践、文体活动、谈心谈话等多项活动，逐渐形成了"第一班主任"价值引领、领航班主任学术导航、专任班主任学业规划、研究生班主任（学生）朋辈指导的"3＋1"协同班主任工作模式，把"厚学敏行，积力致远"的院训精神落实到立德树人的具体实践中。

一、真学真懂真信，入脑入心入行

杜春丽组织开展党的二十大精神宣讲，引导学生带着真情学，带着信仰学，带着问题学。她强调，党的二十大是在全党全国各族人民迈上全面建设社会主义现代化国家新征程、向第二个百年奋斗目标进军的关键时刻召开的一次十分重要的大会。学好党的二十大精神，将重要指示精神落实到平时的学习工作中十分重要。她鼓励同学们读原文、悟原理，并对《办好人民满意的教育》部分作专题解读，让同学们充分认识到以人民为中心发展教育的价值追求。杜春丽还与同学们分享自己的学生工作经历，介绍学校开展主题教育的重要意义，寄语同学们坚持学思用贯通、知信行统一，勉励大家把主题教育成果转化为坚定理想、锤炼品性、指导实践和推动学习工作的强大力量，以实际行动践行习近平总书记重要讲话精神。

张成组织开展"学习二十大，攀登赴新程"主题班会。他从自我认知、扩大交往、笃行不息、学会表达等四个方面与同学们做分享交流，通过个人亲身求学就业经历、教学教管经历谈起，将珍贵经验和深刻感受与同学们充分分享。一是在自我认知方面要做实干家、不做空想家，在选择面前尽全力做到最好，将"优秀"当成目标，将"成功"作为附加品；二是在人际交往中要善交往、广交往、会交往，提高交往能力，扩宽认知范围，获得纯真友谊；三是要自我定位清晰，既要仰望星空也要脚踏实地，用200％的努力换取优秀；四是要充分抓住展示自我的机会，加强表达能力的锻炼，在文娱活动、学科竞赛、社团活动等中找到发光的平台，追寻自我的核心闪光点。张成希望同学们将以上四点运用于学习生活中，不断改善提升自我，树立正确的个人理想，在班级中铸造学习共同体，营造良好的班级氛围。

各位"第一班主任"协同其他班主任老师一起鼓励同学们，在全面学习贯彻落实党的二十大精神的开局之年，要坚定理想信念，端正学习动机，厚植家国情怀，坚持真学真懂真信，务求入脑入心入行，将理想目标置于个人成长、学校发展、国家复兴的不同层面，用个人的"小攀登"助力学校的"大攀登"，在实现中国梦的伟大实践中贡献青春力量。

二、传承红色基因，凝心铸魂育人

红色资源是我们党艰辛而辉煌的奋斗历程的见证，是最宝贵的精神财富。党的十八大以来，习近平总书记在地方考察调研时多次到访革命纪念地，瞻仰对我们党具有重大历史意义的革命圣地、红色旧址、革命历史纪念场所，反复强调要用好红色资源，传承好红色基因，把红色江山世世代代传下去。

李燕以"人民至上"为主题，用生动的语言为同学们导学《习近平著作选读》。她结合北京市丰台区优秀的红色教育资源，根据大学生特点和思政班主任的总体要求，探索开发了"北方的红星——长辛店"实践课程。她带领同学们参观长辛店二七纪念馆、长辛店留法勤工俭学预备班旧址、长辛店劳动补习学校旧址、二七惨案长辛店旧址（警察局驻地旧址）、长辛店工人夜班通俗学校旧址、长辛店工人俱乐部旧址、二七机车厂近代建筑遗存和长辛店二七烈士墓等8处革命活动旧址，通过实地探访、沉浸体验、现场讲解和互动点评的方式感悟党史厚重、感受老镇变迁，激励学生深刻领悟革命精神的思想伟力，深入理解其本质内涵，进一步增强传承和弘扬党的革命精神的政治自觉。

各位"第一班主任"利用各种机会，把红色教育和丰富多彩的班级活动结合起来，常学常新，扎实推进主题教育走深走实。

三、赓续传统文化，强化政治认同

中华优秀传统文化是人类文明的重要成果，是新时期中华民族伟大复兴的重要精神源泉，更是立德树人教育的重要内容。从中华民族几千年来形成的博大精深的优秀传统文化中汲取养分运用于教学中是思政课教学的必然要求。习近平总书记在学校思想政治理论课教师座谈会上指出："中华民族几千年来形成了博大精深的优秀传统文化，我们党带领人民在革命、建设、改革过程中锻造的革命文化和社会主义先进文化，为思政课建设提供了深厚力量。"针对燕都学院学生经常前往境外交流的特点，"第一班主任"组织开展赓续传统文化活动，更好地让同学们讲好中国故事，向世界传播中华优秀传统文化。

故宫是世界上规模最大、保存最完整的古代宫殿建筑群之一，是中华优秀传统文化最有代表性的象征物，具有丰富的历史文化内涵。张成带领班级全体同学赴故宫博物院开展中华优秀传统文化主题教育。特邀我校资源环境与旅游学院教授、北京市旅游局旅游专家刘洪利做参观讲解。刘洪利以故宫手绘地图为导览，为同学们详细介绍了太和殿、乾清宫、保和殿、寿康宫等在内的宫殿建筑群的地理位置、建造风格和建筑特点。张成和刘洪利带领同学们边走边看，用讲故事的方式深入浅出、旁征博引，同学们聚精会神、兴趣盎然。太和殿中，隆裕太后代替溥仪在退位诏书上签字，清朝灭亡；寿康宫中，戏子进宫为皇室演奏戏曲；还有故宫处理南方木材上携带的虫卵的巧妙方法；等等。诸多事例点燃了同学们求知的热情，他们称赞这是一场生动有趣的传统文化课。

少数民族服饰是中华文化的重要组成部分，其背后蕴含着丰富的历史文化内涵和民族精神。在少数民族服饰展示活动中，杜春丽组织同学们加入志愿者队伍，服务各少数民族师生演出，并引导同学们充分认识少数民族服饰文化不仅是对美的追求的体现，更是对历史和文化的传承。杜春丽说，文化是一个国家、一个民族的灵魂，文化自信是更基础、更广泛、更深厚的自信，是更基本、更深沉、更持久的力量。少数民族服饰文化是我们理解各民族生活、文化和历史的重要窗口，是中华文化不可或缺的一部分。同学们纷纷表示要珍惜并传承这些宝贵的文化遗产，让它们在新的时代中焕发光彩。

活动总结模块也是"第一班主任"导学育人内容。"第一班主任"将学习贯彻习近平新时代中国特色社会主义思想主题教育引向深处，带领同学们认真学习《习近平著作选读》（第一卷）中的《要有高度的文化自信》等内容，激励同学们以高度的文化自信助推文化强国建设，谱写中华民族现代文明的新华章。

四、发挥体育育人，促进全面发展

充分发挥体育综合育人功能，对于完善立德树人体制机制，发挥体育对德智体美劳"五育"并举人才培养体系的战略支撑作用，具有重要意义。习近平总书记在全国教育大会上指出："要树立健康第一的教育理念，开齐开足体育课，帮助学生在体育锻炼中享受乐趣、增强体质、健全人格、锤炼意志。"针对燕都学院学生学习量大的特点，"第一班主任"组织参与喜闻乐见的体育活动，以体育精神铸魂育人，促进学生全面发展。

杜春丽参与学生趣味运动会，并为 KIN-BALL（健球）比赛开球。张成和学生一起赴北京市房山区素拓基地开展团建活动。老师和同学们一起参与团队展示、高空断桥、信任背摔、穿越电网、KIN-BALL、CS 等多种团队项目，进一步拉近了师生距离，增强了班级凝聚力，增加了学生的归属感和荣誉感，展现了积极向上、不畏艰难的良好精神风貌。

活动中，最受欢迎的是 KIN-BALL 比赛。KIN-BALL 是一种结合了橄榄球、排球和足球等多种运动元素的新型团队运动项目。它是一种比较年轻的运动，

1986 年才被发明。与其他对抗性运动不同的是，KIN-BALL 运动支持三支队伍同场竞技，它涉及大量的团队合作，同时游戏的战略实施增加了运动的趣味性，现已逐渐在全球范围内流行。

学院每年都会进行一场"学院杯"KIN-BALL 比赛。该比赛因具有独特的比赛规则、超高的协作体验、有趣的智谋较量，被誉为燕都学院的"魁地奇"。班级每位同学都有比赛任务，共同完成一次酣畅淋漓的比赛。"第一班主任"带头参与，为同学们加油打气，引导同学们挑战自我，迎难而上，勇攀高峰。

五、面对面交流，心与心沟通

教育部《关于加强高等学校辅导员、班主任队伍建设的意见》指出，班主任是高等学校从事德育工作、开展大学生思想政治工作的骨干力量，在实际工作中，要协同开展深度辅导，站在为党育人、为国育才的高度，深入推进深度辅导工作，努力提升水平、增强实效，发挥育人合力，全面构建"三全育人"体系，为学生全面发展提供有力支持。

杜春丽十分关心同学们的思想动态、日常学习、业余生活以及未来发展规划。她不仅和所带班级同学谈心谈话，还和其他年级同学进行谈心谈话。她通过讲述燕都学院院长宫辉力等优秀人物的人生经历，指引学生要学习他们热爱读书、勤于锻炼的优秀品格，在平凡中发现自我和突破自我，实现自己的人生价值。她寄语毕业班同学要既读有字之书，又读无字之书，用青春书写华彩篇章。她鼓励新入党的同学要端正入党动机，树立远大理想，立志肩负起民族复兴的时代重任。在交谈中对不同的学生进行个性化深度辅导，构建起师生心与心沟通的桥梁。

张成利用寒假小学期开展主题沙龙活动。同学们围绕班级思想建设、集体活动、优秀成绩、优良班风、未来计划等进行汇报交流。张成肯定了大家在各方面取得的进步。他围绕科研训练、学科竞赛、课程学业、学习方法、考研择校等问题，以正确的价值、广博的学识、丰富的阅历、有趣的实例等与学生自由交流，鼓励大家要有明确的大学规划，找到适合自己的路径，积极适应并学会沟通，能理解有风有雨的常态，具有风雨无阻的心态和风雨兼程的状态，以奋斗精神实现小我、成就大我。

各位"第一班主任"都以不同形式走进学生，思想引领、润物无声，成为同学们身边能诉说心事、答疑解惑的好导师。

学 生 反 馈

"第一班主任"不仅是一个组织者，更是我们的知心人、热心人、引路人。一对一的谈话，让我们感受到了老师的用心与专业，帮助我们在学业和生活中取得更大的进步。

——燕都学院 2020 级历史学专业　王晨晗

在长辛店红色教育基地，老师以生动的语言引导我们。我们仿佛置身于那个热血沸腾的年代，更加深刻理解了先烈们为了民族解放而不惜牺牲的精神。传统文化活动则让我们近距离感受到了中华民族深厚的历史底蕴，我们将更加珍惜和传承这份宝贵的精神财富。

——燕都学院 2021 级历史学专业　汤明菁

师生共同参与体育运动，不仅锻炼了体魄，更培养了我们的团队协作能力、沟通技巧和坚韧不拔的精神。运动中的成功与失败，都成为塑造性格和价值观的宝贵经验。老师们的鼓励，让大家在汗水中体验到努力和坚持的力量，从而更好地面对未来的挑战。

——燕都学院 2022 级统计学专业　李冬锦

思想领航促发展　创新机制开新篇
——管理学院"第一班主任"工作案例

李　静　程宇鹏

　　思想政治工作是党的突出政治优势，是一切工作的生命线，在凝聚人心、团结群众等方面发挥着重要的作用。党的十八大以来，以习近平同志为核心的党中央把高校思想政治工作摆在突出位置，高校思想政治工作持续加强和改进，成效显著。为深入贯彻新时代党的教育方针，落实立德树人根本任务，创新育人机制，实现高质量党建引领高质量育人育才，学校党委启动实施"第一班主任"制度。管理学院在学校党委的领导下，坚持问题导向、目标导向、结果导向，领会把握学校要求，结合学院实际情况、了解关注学生需求，扎实开展工作，目前共聘任8位"第一班主任"，覆盖本科全部5个专业。"第一班主任"们充分发挥自身优势，围绕思想引领、价值塑造、学风建设、实践育人等方面，通过召开主题班会、开设专题讲座、指导实践调研和一对一深度辅导等多种形式与学生深入交流。与此同时，学院探索形成了一系列相关工作机制，在促进思政工作创新发展、助力青年学生成长成才等方面取得了一定成效。

一、配强育人力量，形成工作模式

　　教育者在思想政治教育工作中发挥着主导作用，高校思想政治工作队伍的状况在一定程度上决定着大学生思想政治教育的成效。为进一步提高大学生思想政治教育质量，管理学院以学校相关文件精神为依据，积极探索形成学院"第一班主任1＋2＋n"工作模式，上下联动、横向联合、持续发力，为"第一班主任"工作的顺利开展提供坚实的人才支持和制度保障。其中，"1"指打造以学校领导为主力的"第一班主任"核心队伍。学院聘请学校党委副书记王大广担任2022级公共管理班"第一班主任"，联系班级开展思想政治工作，充分发挥学校领导担任"第一班主任"的统筹领导作用，为学院育人工作提供有力指导。"2"指坚持"学校学院联动""校内校外结合"的两个原则，着力打造校内外"第一班主任"队伍。学院聘请了学校国有资产管理处处长刘畅、学校办公室副主任周长军两位校内职能部处领导分别担任 2020 级信息管理与信息系统班、2021 级公共管理班"第一班主任"；聘请了中国核工业集团有限公司预算处处长、高级会计师吴祥，中国建筑一局（集团）有限公司纪检监督工作部部长、总部纪委书记、高级政工师唐行智，中国船舶工业贸易有限公司人力资源部行政经理张亚峰，中国移动通信集团公司项目经理徐文达，中信医疗健康产业集团战略发展部副部长、现挂职北京市卫生健康委员会发展规划处副处长的郑敏思五位校外行业专家和校友分别到五个专业担任"第一班主任"，这五名"第一班主任"涵盖多个类型国有企业的领导干部和政工师，有利于更好地发挥专业人才的引领作用，提升育人合力，推进校内外育人资源和学院思政工作深度融合。"n"指探索制定学院内部相关制度条例，形成工作规范，切实加强学院思想政治工作队伍建设。学院建立健全专人对接机制，专任班主任、班级骨干在学院党委的带领下负责与班级"第一班主任"沟通联络，畅通沟通渠道，促进师生互动。学院不断完善反馈总结机制，学院党委定期组织学生工作队伍开展"第一班主任"工作交流研讨，对于"第一班主任"在学院指导工作期间提出的意见和建议，及时进行总结整改，进一步发挥"第一班主任"工作效能，确保"第一班主任"模式运行有力有效。

二、落实党委主责，突出政治属性

习近平总书记在党的二十大报告中指出："全面建设社会主义现代化国家、全面推进中华民族伟大复兴，关键在党。"中国共产党领导是中国特色社会主义最本质的特征，是中国特色社会主义制度的最大优势，"第一班主任"工作制度是学校坚持党对高校全面领导、落实思想政治工作主体责任的重要举措。学院党委高度重视、精心组织，加强顶层设计，充分发挥"第一班主任"作为"思政班主任"的重要作用，将思想政治教育全方位融入学生工作，营造良好的教育氛围，帮助学生提高政治素养和思想觉悟，激励学生通过学习实践实现自我发展与自我完善，为中华民族伟大复兴的中国梦的实现贡献青年力量。

学院准确把握"第一班主任"工作实质，突出大学生思想政治教育的政治性。一方面，把握理论根基，坚持用习近平新时代中国特色社会主义思想铸魂育人。习近平新时代中国特色社会主义思想是全国人民的精神之魂，是新时代思想政治教育的理论根基。学院各位"第一班主任"深入班级，开展《习近平著作选读》导学活动，通过理论宣讲、研究讨论、分组学习等方式，引导学生学习贯彻习近平新时代中国特色社会主义思想的精神实质、丰富内涵和相关要求，深刻领会其中的马克思主义立场观点方法，使学生自觉地将所学所想付诸具体实践。另一方面，重视实践探索，不断丰富创新思想政治教育的内容和形式。根据学校"第一班主任"导学育人方案，学院及时同"第一班主任"沟通，设计不同的思想政治教育内容，将党的最新理论成果纳入"第一班主任"导学活动中，帮助学生树立共产主义远大理想和中国特色社会主义共同理想。同时，学院充分发掘和总结生动案例，为"第一班主任"更好地解读政治理论知识提供充足的本土资源，化抽象为具体，使学生更好地理解理论知识，做到自觉听党话、坚定跟党走，筑牢学生理想信念之基。"第一班主任"王大广带领 2022 级公共事业管理班连线中国驻南苏丹大使馆，通过最真切的人物、最鲜活的事迹，帮助同学们深刻领悟习近平外交思想，深切体会我国外交事业发展和大国崛起的步伐，生动理解习近平新时代中国特色社会主义思想的伟大成就和重大意义；"第一班主任"周长军带领 2021 级公共事业管理班到天安门国旗班、中国国家博物馆实地参观，帮助同学们了解党的百年光辉历程，激发同学们的民族自信心与自豪感，激励同学们要为民族复兴担当作为，为强国建设贡献青春力量。

三、科学制定方案，完善实施过程

"第一班主任"的实质是"思政班主任"，"第一班主任"工作制度的落地实施必然要遵循思想政治教育过程的规律。思想政治教育过程一般包括制定方案、实施和评估三个环节，各环节之间循序渐进、相互渗透，对于发挥思政育人实效至关重要。学院重视对"第一班主任"工作各环节的优化完善，在《首都师范大学"第一班主任"工作指南》及具体导学育人方案的指导下，积极同"第一班主任"沟通联系、谋划筹备，科学制定工作方案、推动方案落地实施、客观评估工作效果。

　　坚持实事求是，合理设定工作目标。学院始终遵循"按照实际决定工作方针"的原则，立足于学生群体中存在的现实问题，与"第一班主任"一同认真分析学生的思想基础和群体需要，强化"两种思维"，把握好"两个平衡"。强化政治思维，注重"第一班主任"的思政引领作用，在解决学生实际问题的同时引导学生坚定理想信念、筑牢思想根基，平衡好"第一班主任"工作的政治引领功能和专业发展功能。学院不断强化渐进思维，遵循学生个体发展的规律，既要让目标适当超越学生的思想水准和现实能力，又要保证学生通过一定的努力能够实现这一目标，使得工作目标与学生成长保持动态平衡。

　　坚持深谋远虑，精心设计活动方案。在设计活动方案时，学院着重把握"三性"，保证活动方案有效落地。其一，提高针对性。根据前期调研情况将学生进行分类，依据不同类型学生的现实情况拟定不同的行动计划，尽量做到有的放矢、因材施教。例如，针对存在思想困惑和学业困难的学生，周长军多次开展一对一深度辅导，用心用情温暖关怀学生；针对本科二年级回迁海淀校区的学生面对的适应新环境的问题，王大广组织学生开展"情满中秋"慰问活动，在潜移默化中对同学们进行集体主义教育，拉近师生及同学之间的距离，增强学生的归属感；针对同学们提出的实验设备问题，刘畅了解情况后，及时给予学生指导帮助，并为学院专业建设发展出谋划策；针对同学们对于专业发展较为迷茫的问题，郑敏思结合自身在国内外求学和工作的经历，鼓励同学们在学业上精进深造，积极参加社会实践、积累实习经验，将理论与实践有机结合，走出属于自己的、开阔长远的人生道路；针对学生的实习实践需要，"第一班主任"们积极帮忙联系企事业单位，为学生提供实习岗位和锻炼机会，联系社区街道帮助学生开展实践调研。其二，探索可行性。在活动方案中将学校政策指南同学生心声相对接，充分考虑场地设施条件、学生参与意愿等因素，鼓励学生代表参与到制定和选择活动方案的过程中来，科学设计"第一班主任"活动，使好政策"落地有声"、惠及学生。"第一班主任"们和学生的交流空间不仅仅局限于教室、办公室、操场、公园、博物馆都留下了师生们的身影，其交流内容也涵盖思想、学业、生活等方方面面。其三，坚持创新性。根据各班级的具体情况，结合"第一班主任"的分管工作、学科背景、专业特点，设计具有班级特色的活动方案，努力做到"班班有特色，次次不重样"。

坚持全面客观，跟踪评估实施效果。"第一班主任"深入学生群体，及时准确把握学生的思想动态。学院党委认真听取"第一班主任"工作过程中的意见和建议，多次召集学生工作队伍讨论整改方案，抓好"第一班主任"反馈意见整改工作，不断提高思想政治工作水平和学生管理服务能力。学院访谈学生代表、收集学生感受，听取同学们的宝贵意见建议，对"第一班主任"活动的实际效果进行评估，并根据评估结果对活动方案进行调整和优化，充分发挥"第一班主任"的育人作用，为下一阶段"第一班主任"工作的开展指明方向。

学院在"第一班主任"工作中因时而谋、应势而动，坚持系统优化思维，既从整体上把握大学生思想政治教育过程，又重视每个具体环节的运作，把握好各环节之间的联系，在"实践、认识、再实践、再认识"的过程中做好"第一班主任"工作保障，提升大学生思想政治教育工作实效。未来，将继续坚持以学生需求为导向，进一步探索和完善"第一班主任"工作机制和育人模式，汇聚思政育人力量和资源，不断推进学院思想政治工作高质量发展。

学生反馈

王大广老师是一位关心学生、认真负责的老师。作为我们的"第一班主任"，他心怀学生、情系学生，是一名有仁爱之心的好老师。学生如幼苗，待师细呵护。令我印象最深刻的是他组织了与中国驻南苏丹大使馆的交流活动，这次活动帮助我们加深了对我国外交工作的了解，开阔了眼界，对奋战在一线的使馆工作人员肃然起敬，也加深了自身对习近平外交思想的理解。浇花浇根，育人育心，他不仅在思想上、学业上帮助我们，更以自己的成长经历传授给我们珍贵的人生智慧。润物无声勤耕耘，桃李花开满园馨。在他的帮助下，我们每个人都成长了很多，全班也凝聚成一个团结协作、积极向上的集体。

——管理学院2022级公共事业管理班　张天蕊

"第一班主任"不仅在学业生活上关心我们，在我们迷茫困顿的时候更是一位引路人。初见时，老师和蔼可亲的形象就已经深深印入我的心里，而让我印象最深的是中秋假期前我们一起包饺子、做月饼，一起吃"团圆饭"时，和老师的交流让我受益良多，为处于迷茫时期的我指明了方向。元旦前夕，老师还像家中长辈一样给我们送来很多零食。

——管理学院 2022 级公共事业管理班 曹一鸣

周长军老师自担任我们班"第一班主任"以来，全方位引领班级同学成长进步。他鼓励我们勇担新时代赋予青年人的使命，带领我们深入学习贯彻党的二十大精神；他常常牺牲休息时间与我们交流，帮助我们解决问题。周老师还经常参与指导我们的班级活动，和同学们相处愉快，真正成为我们班密不可分的一分子。

——管理学院 2021 级公共事业管理班 周怡宁

"第一班主任"周长军老师是一位经验丰富的师者，与他共度的时光，对我们来说是一段难忘的记忆。当我们在学习上遇到困难时，他总是耐心地为我们解答，给予我们鼓励和支持。在班级活动中，周老师也总是积极参与，我们一起经历了许多快乐时光，这些美好的回忆已经深深地烙印在我们的心中。由衷感激周老师对我们的关心和教导，他不仅教会了我们知识，更教会了我们如何成为更好的人。

——管理学院 2021 级公共事业管理班 卢 娜

和"第一班主任"郑敏思老师的交流让我们受益匪浅。郑老师耐心、细心地向我们介绍了她的学习和工作经历，给我们传授了许多宝贵经验，让我们知道对未来作出准备并付诸行动就要从现在开始。我们希望能够成为像她那样德才兼备、自信大方的人，相信我们会在郑老师的带领下，成为更好的自己。

——管理学院 2022 级劳动与社会保障班 刘斯琪

汇集资源聚合力　拓展思政新平台

——数学科学学院"第一班主任"工作案例

董银花　张　明　李崧崧

教育是党之大计、国之大计。习近平总书记在党的二十大报告中指出："要坚持教育优先发展、科技自立自强、人才引领驱动，加快建设教育强国、科技强国、人才强国。"全面贯彻党的教育方针，充分落实立德树人根本任务，以教育强国建设为目标，才能在加快推进教育现代化的新征程中培养担当民族复兴大任的时代新人。

"第一班主任"是首都师范大学深入贯彻落实习近平总书记在全国高校思想政治工作会议上的讲话精神，以总书记"思想政治工作是学校各项工作的生命线"的讲话精神为根本遵循，在高校班主任体系建设中的一项创新探索。"第一班主任"工作制度启动后，数学科学学院积极响应，坚持以习近平新时代中国特色社会主义思想为指导，牢牢把握思想政治工作主导权，积极拓展思政教育资源，在原有领航班主任、专任班主任的工作基础上，聘请"第一班主任"，构建"三维班主任"育人体系，打造"三全育人"新格局，全面提升思想政治教育育人质量。两年来，先后有15位"第一班主任"对接本科班级，他们由校内领导、行业专家、优秀校友、学院党政班子成员等组成。"第一班主任"围绕思想引领、价值塑造、专业发展、实践育人等方面开展了30余次主题教育，通过主题班会、专题讲座、实践调研、面对面谈话等多种形式与学生进行深入交流，1000余人次学生得到"第一班主任"面对面指导。

一、聚焦思政育人新格局，构建"三维班主任"育人体系

习近平总书记在全国高校思想政治工作会议上强调，思想政治工作从根本上说是做人的工作，一针见血地指出高校思想政治建设工作的出发点和落脚点。加强和改进大学生思想政治教育工作是高校的重中之重，如何做好青年大学生的引

路人,是学院党委在推进班主任工作中的着眼点。随着社会经济的飞速发展以及高校教育主体的变化,高校思想政治教育工作面临新的形势和挑战,加强大学生思想政治教育队伍建设具有十分重要和深远的意义。班主任是高校教师队伍的重要组成部分,是开展大学生思想政治教育工作的骨干力量。应从班主任队伍建设入手,着力提升育人能力和水平。

(一)"三维班主任"协同育人

学校"第一班主任"制度推行后,院党委立即召开专题会议,研究部署如何推进工作,使"第一班主任"、领航班主任、专任班主任形成一支政治强、业务精、思维新、素质高的思想政治教育队伍;"三维班主任"分工明确、职责清晰、相互联动,形成良好的工作运行机制,有效提升了思想政治教育育人质量。

"第一班主任"是班级思想教育的引领者。学院结合校内校外资源,开拓思政育人渠道,聘请校领导、优秀校友、行业专家和院(系)领导班子担任"第一班主任",凝聚发挥校内校外育人力量,加强学院思想政治教育工作。

领航班主任是学术启蒙的领航人。学院切实发挥高层次人才在本科生人才培养中的示范引领作用,选拔业务精湛、育人能力强、贴合大学生实际的学者担任领航班主任。

专任班主任是班级建设的掌舵人。学院严把选任关,每年选拔思想素质好、业务水平高、奉献精神强的教师担任专任班主任。目前共有 18 位专任班主任,其中副高级及以上职称占比 50%。

(二)选优配强"第一班主任"

学院始终把"第一班主任"工作摆在党的建设和思政工作的重要地位,领导班子专题探讨,并在全院大会上介绍工作制度,汇聚资源、凝聚共识,形成全院上下积极响应落实的良好局面。工作中边研究边实践,结合学科专业特点,选优配强"第一班主任"。

两年来,先后有 15 位"第一班主任"对接本科班级。他们是北京市委教育工委副书记沈千帆,北京市大兴区教师进修学校党委书记、时任北京市大兴一中党委副书记及校长王宁，首都师范大学附属中学副校长、中学数学特级教师梁宇学，北京市赵登禹中学教育集团书记、校长徐唯，中国科学院数学与系统科学研究院研究员王益，中央戏剧学院院长助理陈雷，首都师范大学教育基金会理事、企业家江川，首都师范大学党委常委、副校长宋军、李海梁，首都体育学院纪委书记、时任首都师范大学党委组织部部长孙建，时任首都师范大学校友工作办公室主任烟青，首都师范大学数学科学学院党委书记高蓉、副书记董银花、副院长童纪龙、党委委员高秀红。

二、聚焦培养时代新人，凝练"四个"育人主题

习近平总书记在党的二十大报告中提出"着力培养担当民族复兴大任的时代新人"，学院积极践行培养时代新人的职责使命，发挥"第一班主任"铸魂育人功能，以班级学生思想引领为重点，推动"第一班主任"深入学生，以多种形式讲好"大思政课"，引导青年大学生立大志、明大德、成大才、担大任。

"第一班主任"来自校内领导、行业专家、优秀校友、学院党政班子成员，有着丰富的思想政治工作经验，他们充分发挥自身优势，围绕思想引领、价值塑造、专业发展、实践育人等方面，通过主题班会、专题讲座、实践调研、面对面谈心谈话等多种形式与学生深入交流，做好学生成长成才的引路人。"第一班主任"工作经过两年的实践，凝练"四个"育人主题，开展了30余次班级建设活动。

（一）思想引领，铸魂育人

"第一班主任"沈千帆参与"喜迎二十大，同上思政课"与"学习贯彻习近平新时代中国特色社会主义思想——导学育人微党课"活动，引导学生要有坚定的政治信仰、丰富的知识结构、深厚的社会阅历、更大的视野和更全面的素质等；同时，还参加本科师范生党支部接收预备党员大会，勉励同学们坚定理想信念，争做先锋表率。"第一班主任"宋军、孙建结合新形势新政策，用鲜活的案例数据从国情、校情、家情分析高校新冠疫情防控的特殊性，讲授疫情防控"大思政课"，提醒同学们关注个人生命健康，在学好专业知识的同时也要心怀家国

事。"第一班主任"高蓉、高秀红围绕"学习二十大，奋进新征程"主题，从关心国家大事、关注学校发展、聚焦个人成长三个方面为同学们讲"大思政课"，解读了党的二十大报告，引导同学们把个人成长和国家需要紧密结合，提出作为当代青年人应该做到自信自强、守正创新，踔厉奋发、勇毅前行，为全面建设社会主义现代化国家、全面推进中华民族伟大复兴而团结奋斗。"第一班主任"董银花为同学们讲授主题为"听党话、跟党走，立志做有理想、敢担当、能吃苦、肯奋斗的新时代好青年"的"大思政课"，教育引导同学们积极向党组织靠拢，争取早日加入中国共产党。

(二) 价值塑造，砥砺品格

"第一班主任"烟青结合自身参与学校建设发展、陪伴青年成长的经历，培养学生爱校荣校情怀。"第一班主任"王宁通过分享个人 30 年的工作经历，勉励同学们要强化专业知识，提升个人品德，争做"四有"好老师。"第一班主任"孙建参加"弘扬雷锋精神，争做时代新人"主题班会，分享自身学雷锋的经历并强调要在实践过程中把握雷锋精神的时代内涵，引导学生做新时代的"雷锋"。"第一班主任"梁宇学召开题为"学习青年榜样习近平——奋斗青春正当时，强国有我志更坚"的主题班会，勉励学生树立"躬耕教坛，强国有我"的志向和抱负，培养更多德智体美劳全面发展的社会主义建设者和接班人，并希望同学们能够多读书，寻找到当教师的意义，获得当一名好老师的幸福感和价值，还向班级同学赠送书籍《习近平的七年知青岁月》。"第一班主任"徐唯校长在"寄语未来优秀的教师"主题班会上与同学们交流了"优秀教师的标准"与"大学期间的准备"等内容，向同学们提出"学生为本、师德为先、能力为重、终身学习"四点希望，建议大家在校期间通过做好心理建设、储备学业知识、拓展知识面、接触教育一线的方式，为成为优秀教师做足准备。

(三) 专业成长，追求卓越

"第一班主任"江川召开"把青春献给数学教育"主题班会，回顾在母校学习和生活的岁月，分享学习以及工作的经历，教育学生在校期间努力学习，将来为祖国的数学教育事业奉献青春。李海梁教授作为学院首届拔尖基地班的"第一班主任"，重视学生科研能力的培养，在学生入学前，召开"大咖学术引领"主题班会，讲解大学生的学习生活、数学学科的学习方法以及人才培养计划等方面的内容，建议同学们通过本科期间基础课程的学习，培养自身逻辑思维能力和论证推理能力，为后续阶段的学习打好基础，希望同学们在大学期间提升自律能力，从被动学习转变为主动学习，积极与老师、同学相互交流讨论。"第一班主任"童纪龙以"学术领航"为题为同学们介绍本科课程设置、本研贯通培养以及国际化培养的相关内容，引导同学们夯实专业基础，心怀远大理想，在接受专业学习与科研训练的过程中培养坚韧不拔的意志品质，学习潜心科研、矢志报国的科学家精神，争取为基础学科的发展贡献一份力量。"第一班主任"王益为同学们作数学专题科普报告，结合自身从首都师范大学数学系开始的求学与个人成长经历，从国家层面和个人层面讲述学习数学的必要性以及学无止境的求学态度，鼓励学生怀抱梦想，探索未来。"第一班主任"陈雷在班会上围绕数学作为基础学科的重要性，勉励同学们珍惜宝贵的校园时光，夯实自身专业知识，延续勇攀高峰的科学家精神，担负起新时代赋予的重要使命，以成为基础研究领域的杰出人才为目标不懈努力。

（四）实践育人，增长才干

"第一班主任"王宁带领班级学生走进北京市大兴区第一中学，从学校历史、师资力量、办学特色、知名校友等方面介绍情况，阐释了学校"和合一中，大德育人"的办学理念，并从做一名爱读书、爱学习、有专业知识功底的老师，做一名爱好广泛、博学多才的未来老师，做一名有情怀、有大爱的老师，做一名心态阳光、幸福快乐的老师四个方面向师范生深刻阐述了他对于"四有"好教师的理解，鼓励同学们珍惜在校时光、苦练本领，为未来站稳、站好讲台打下坚实基础，争做"四有"好老师。"第一班主任"宋军带领班级学生走进武警北京总队执勤第五支队，参观张思德纪念馆、走进"张思德班"、亲身感悟"张思德精神"的核心要义与时代价值，并与青年学生现场交流分享，希望同学们在"行走"中学习党的历史和英雄人物，感悟张思德的感人事迹和"张思德精神"的奋进力量，引导青年学生始终牢记初心使命，做到全心全意为人民服务。他希望青年学生心怀信仰、脚踏实地、刻苦学习、无私奉献，为中华民族伟大复兴的中国梦贡献首都师大人的智慧和力量。"第一班主任"烟青带领学生走进北京工艺美术博物馆参观"只此东方色"8K数字沉浸展，感受中华民族的艺术之美，体会中华民族传承千年的工匠精神，希望同学们在中华优秀传统文化中汲取养分，坚定承担弘扬中华优秀传统文化的责任，为扎实推进我国社会主义文化强国建设注入生机与活力。

三、聚焦德智体美劳全面发展，"五育"并举成效显著

习近平总书记在全国教育大会上强调："坚持中国特色社会主义教育发展道路，培养德智体美劳全面发展的社会主义建设者和接班人。"这一重要讲话回答了高等教育"培养什么人"的重要问题。

"第一班主任"作为开展学生思想政治教育的中坚力量，通过言传身教、榜样示范等方式，引导学生树立正确的世界观、人生观和价值观，为学院拓展思政新平台、高质量落实立德树人根本任务提供了有力支撑。

（一）汇聚育人合力

"第一班主任"丰富了"班主任"这一身份，构建了新型师生关系，让思想政治教育以贴近学生的方式呈现，使思政教育的吸引力和感染力明显提升，大大提高了学生的获得感和幸福感。

学院不断选优配强"第一班主任"队伍，精心聘任国内外知名学者、行业专家、优秀企业家、重点中学校长、校内党政干部等加入思想政治教育队伍，引入丰富的育人资源，开拓"三全育人"新局面。学院以"第一班主任"为切入点，推动"第一班主任"队伍参与育人全过程各环节，突破班级限制，辐射带动更多学生，进一步增强了学院育人合力。学生反映"第一班主任"让曾经的心中权威和先进榜样来到身边，使自己坚定了理想信念，学习了专业知识，开阔了人生视野，消释了成长中的疑惑，明确了努力方向。

（二）提高育人成效

"第一班主任"作为学生思想政治教育的引领者，肩负着重要的育人使命。他们用个人情怀、思想品格、人格魅力、工作态度和丰富学识感染学生、激励学生。"第一班主任"展现出了卓越的育人能力，用实际行动诠释了教育的真谛，让学生深刻感受到了教育的温暖和力量。经过两年的辛勤付出，学生成长呈现出积极向上的良好态势。

"第一班主任"在工作中厚植红色基因，促进专业精进，强化价值引领，树立家国情怀。所在班级共有200余人递交入党申请书，60余名同学发展成为预备党员。所带学生获国家级奖30余项、北京市级奖200余项，其中3名同学成功入围"全国大学生数学竞赛"决赛，取得历史性突破。越来越多的学生主动参与西部支教、"双减"课后服务、社区服务等社会实践和志愿服务活动，用自己的实际行动回馈社会、服务人民，锻炼实践能力，提升社会责任感和奉献精神。

"第一班主任"工作制度实践两年以来，汇聚了育人力量，丰富了育人体系，拓展了育人平台，创新了"三全育人"体制机制。面向未来，学院将进一步用好"第一班主任"资源，深入总结凝练"三维班主任"育人模式、先进经验和典型做法，汇聚思政育人力量和育人资源，持续深化新时代"大思政课"建设，不断提升思政教育的内容供给和方法创新，打造具有鲜明学院特色的育人品牌，不断推进思想政治工作高质量发展。

学生反馈

沈千帆老师自担任我们班"第一班主任"以来，与班级同学开展了多次活动。在"喜迎二十大，同上思政课"活动中，他介绍了自己的成长经历和对"第一班主任"工作的理解。他勉励同学们要有坚定的政治信仰，有丰富的知识结构，有深厚的社会阅历，有更大的视野和更全面的素质。他坚持以学生为中心，以立德树人为根本，将责任和使命凝聚在教育事业中。这种以学生为中心的教育理念深刻影响了作为师范生的我们，激发了我们对未来教育事业的热情和期待。

沈千帆老师的教育理念和工作经历为我们树立了榜样，使我们对自己的成长和发展有了更清晰的方向和目标。

——数学科学学院 2020 级师范 1 班　巴合江·哈勒布亚提

在"第一班主任"王宁老师的带领下，我们走进北京市大兴区第一中学，感受了创新多样的校园文化和教育理念。王宁老师从做一名爱读书、爱学习、有专业知识功底的老师，做一名爱好广泛、博学多才的未来老师，做一名有情怀、有大爱的老师，做一名心态阳光、幸福快乐的老师四个方面，向我们师范班的同学深刻阐述了他对"四有"好教师的理解，并鼓励我们以奋斗者的姿态，做最美好的自己。听了王宁老师的讲述，我进一步坚定了教育理想，明确了努力方向。我会在今后的学习生活中珍惜时光、苦练本领，为未来站稳、站好讲台打下坚实基础，争做"四有"好老师。

——数学科学学院 2021 级师范 1 班　江家杰

自 2023 年 9 月起，梁宇学老师担任我们班的"第一班主任"，在班级活动中，我们了解了彼此，梁老师对我们班的同学予以厚望。让我印象最深的是梁老师为我们召开的主题班会，她向我们介绍了自己大学的求学时光，接着带我们阅读了《习近平的七年知青岁月》，用真实的历史细节讲述了习近平总书记当年"苦其心志、劳其筋骨、饿其体肤、空乏其身"的历练故事，再现了习近平总书记知青时期的艰苦生活和成长历程，以此来告诫我们要树立正确的世界观、人生观、价值观，多多锤炼自身心性、提高素质，学会"自找苦吃"。

——数学科学学院 2022 级师范 1 班　赵景之

"第一班主任"宋军老师带领我们走进武警北京总队执勤第五支队，参观张思德纪念馆、走进"张思德班"、感悟张思德的事迹和"张思德精神"的奋进力量。宋军老师教育我们要始终牢记初心使命，心怀信仰、脚踏实地、刻苦学习、无私奉献，为实现中华民族伟大复兴的中国梦贡献首都师大人的智慧和力量。通过此次体验式学习实践活动，我更加坚定了全心全意为人民服务的信念，未来将以实际行动为党的事业和人民的幸福贡献自己的力量！

——数学科学学院 2020 级实验班　林智熙

　　李海梁老师是我们班的"第一班主任"，他为我们讲授了"学习二十大，奋进新征程"主题思政课，介绍了党的二十大主题与精神、解读了党的二十大报告，引导同学们充分认识党的二十大与青年人息息相关，作为当代青年人应该自信自强、守正创新，踔厉奋发、勇毅前行，为全面建设社会主义现代化国家、全面推进中华民族伟大复兴而团结奋斗。同时，他向我们介绍了过去一年中学校在国家重要活动中的贡献以及学院最新的科研成果，激励同学们要以奋斗的姿态激扬青春、怀抱梦想又脚踏实地，在短短几年的大学生活中要不怕吃苦、敢于求索，有所学、有所获。

——数学科学学院 2022 级拔尖班　程浩洋

聚焦实践育人作用　助力学生全面成长
——资源环境与旅游学院"第一班主任"工作案例

丁梦娇　尹　刚

实践育人是思想政治教育体系的一个重要环节，是落实立德树人根本任务的重要抓手。实践课堂通过走进社区、农村等社会生活场景，带领学生走出课堂、走向田野，融入生活实践，见证时代发展的点滴变化，能够推动其更好地获得理论与实践相结合的学习感受。资源环境与旅游学院扎实推进学校"第一班主任"计划，建设以学生为中心的"三维班主任"育人工作体系，根据地理专业特点和学生特点，持续发挥"第一班主任"在实践课堂中的育人作用，将社会实践教育与思想政治教育、专业教育、传统文化教育紧密结合，形成了"第一班主任"实践育人特色品牌，以实践课堂促进学生全面成长。

目前，学院共聘任 17 位"第一班主任"，均为学院培养的校友，有北京市委教育工作委员会副书记、北京市教育委员会主任、一级巡视员李奕，北京市门头沟区教育委员会主任、区委教育工作委员会副书记曹彦彦，住房和城乡建设部领导 1 人，北京市教育委员会信息化处领导 1 人，中学校长、副校长 6 人，学校机关部处领导 3 人，中青旅控股股份有限公司领导 1 人，正高级地理教师 1 人，高级地理教师 1 人和高中地理教研员 1 人，实现了本科生班级全覆盖。

2022 年 9 月，校党委为学院选聘了时任北京市委教育工作委员会副书记的李奕作为 2021 级地理科学（师范）1 班的"第一班主任"。李奕用心用情，深入学生、走进学生，多次与学院党委沟通谋划，带领学生在广袤的京郊大地上学习理论知识，培养学生地理实践力和师范生综合素养。在李奕的示范带动下，学院加强对学生的实践教育，拓展思政教育资源，充分发挥学院"第一班主任"实践育人特色品牌的引领力和影响力。

一、开展实践调研，在实践课堂中增强思政育人感染力

李奕高度重视"第一班主任"工作，召开班级实践方案专题研讨会，亲自设计实践活动主题和方案，并就活动的细节进行具体指导，将深入大学生班级履行立德树人根本任务纳入北京市委教育工委整体工作筹划中。2022年国庆节期间，李奕精心策划并组织实施了"喜迎二十大，地理勇攀登"主题调研活动。10月4日一早，迎着秋日的晨光，在市教委派驻阜高营村第一书记范新栋的带领下，同学们兴致勃勃地从校本部乘车前往阜高营村，"第一班主任"李奕早早在村口迎接同学们的到来。

调研活动开始前，李奕就抛出一连串问题："大家一定都注意到了，村里的路非常平整，不少人家建起了二层小楼，居住条件甚至比城里还好。乡村振兴到底需要振兴什么？我希望同学们今天带着思考去发现'真问题'，带着专业知识去思考如何解决'真问题'。"此次主题调研活动不同于地理专业学生以往开展的野外考察，在出行之前，就安排学生依据"红色印记""乡村振兴""乡村产业布局"和"乡村发展规划"四个专题方向分组开展行前资料搜集。主题调研活动中，要求学生们通过深入基层调研，充分了解当地风土人情，从专业角度开展调研实践和学习活动，在主动发现和解决问题的过程中，创新自己的"资源观"和"环境观"，了解乡村振兴的重要意义。为了帮助师生们了解延庆区区情和阜高营村村情，阜高营村党支部书记路凤山和第一书记范新栋详细介绍了该村的红色历史和发展状况，延庆五中地理正高级教师、资源环境与旅游学院2001届校友郭立霞从专业角度介绍了延庆区的地理特征。

调研开始后，学生们在专业教师的带领下，分组进村走访。"红色印记"组看望了90多岁的曹东莲奶奶，曹奶奶带领同学们歌唱《没有共产党就没有新中国》和《东方红》，坐在炕上聊起村里的红色历史。"乡村振兴"组拜访两户"大学生之家"，调研乡村发展现状和京郊农村家庭存在的问题。"乡村产业布局"组考察了当地黄芩茶产业点，重点围绕新时代农村产业布局和产业开发等问题开展调研。"乡村发展规划"组对村周边地形地貌、农田林地土质资源进行调研，到当地牡丹园景区了解平北梯田式种植特点，对乡村文旅规划提出建议。正值国庆

假期和重阳佳节，李奕带着全体师生，跟随村里 80 岁高龄的张振爷爷登顶玉皇山，不仅感受了中华优秀传统文化中的"重阳登高"，更在登山途中践行尊老敬老的传统美德。随队的专业教师们还在沿途为学生们讲解地形地貌以及野外考察等专业知识。在劳动实践环节，学生们参加农务劳动，体会乡村生活，接受劳动教育。

这是一次教育助力乡村振兴的生动实践，李奕引领学生依托专业知识，深入基层，走进乡村，融入乡村，带给了师生们不一样的体验。一位同学讲道："来之前我们想了很多，但是到了村里之后，才发现自己想得远远不够。今天是一次宝贵的实践调研经历，回到学校后，我们还要围绕黄芩产业和市场做深入的研究。"李奕还亲自组织了总结交流会，将专业教育、思政教育、实践教育、传统文化教育紧密结合，增强了思政育人的感染力。

二、坚持党建引领，在实践课堂中增强思政育人的渗透力

在"第一班主任"的示范带动下，学院组织开展了"党建凝聚力量，共促乡村振兴"系列教育活动，组织师生党员开展校地联建活动。驻村第一书记范新栋详细介绍了阜高营村的人文历史情况，讲解了如何发挥新时代"状元村"这张党建名片的作用来带动产业发展，并带领大家入户走访调研、参观村容村貌。师生党员们共同围绕学习贯彻习近平新时代中国特色社会主义思想、学习习近平总书记给中国农业大学科技小院学生的回信精神交流主题调研活动的体会，共同探讨乡村振兴的发展路径，生动的理论学习形式引起了师生极大共鸣，增强了思政育人的渗透力。资源环境与旅游学院师生考察了阜高营村乡村旅游文化节，调研"状元宴"接待户，参观牡丹种植园，深入了解了农业农村发展的新变化；在营盘村，大家考察了民宿旅游产业，参加田园劳动实践，了解学校相关帮扶项目。主题调研活动是学院师生党员学习领会乡村振兴战略思想，弘扬攀登精神的一次生动实践，是一场结合专业教育、思政教育、实践教育的大课堂。

"第一班主任"李奕高度重视学生党员教育，2023 年 7 月 1 日正逢中国共产党成立 102 周年纪念日，北京市密云区雾灵山实习基地里，李奕与雾灵山野外实习临时党支部共同举行"重温入党誓词"仪式，他肯定了学院在主题教育期间加

强基层党组织建设的做法，肯定了同学们的良好精神风貌，对师生党员进行党性教育。学生党员汇报了野外实习的收获和体会，带队教师介绍了雾灵山野外实习的基本情况，肯定了学生们在实习中的表现，特别提出本次野外实习成立了临时党支部，学生党员在集体活动中发挥了带头作用。

与此同时，李奕走进班级与同学们开展座谈。班长王彤菲介绍了班级建设的整体情况，高睿琦、滕富龙、杜黄冉三位学生代表分别就"青年人的责任与担当""学业发展与规划"和"班级建设"分享了感悟。李奕为同学们讲授"大思政课"，他结合自身经历和首都基础教育现状对同学们提出有关生涯规划的建议，鼓励同学们要做敏锐的人，将地理学科学习与国家发展需要相结合，努力适应新的教育生态。一位预备党员学生激动地表示："李奕老师讲述了青年人的责任与担当，我作为一名师范生，而且是一名预备党员，更要有强烈的家国情怀，我会提升自身本领，未来当一名优秀的地理老师，让每一位学生热爱祖国的大好河山。"

三、立足师范特色，在实践课堂中增强思政育人的内动力

学院遵循思政工作规律和学生成长规律，强化实践课堂的顶层设计，完善协同体系，在校内打通、校外融通上下功夫，形成规范化、常态化、可持续的实践育人模式。坚持首都师大姓"师"的办学特色，"第一班主任"李奕高度重视地理专业师范生地理实践力的培养，他带领同学们赴北京市密云区雾灵山实习基地，开展 2021 级地理科学（师范）班"土壤-植物地理野外实习"活动。他与同学们分享了自己大学时参加野外实习的经历，表示地理专业的学生要走出课堂，走进田野，拓展资源观和环境观，提升专业本领。同时他对学生们提出两点期望：一是扎实学好专业知识。主题教育的学思想、强党性，要落实到同学们在地理师范学习过程中的重实践和建新功上，他强调了野外实习对学生多方面能力培养的特殊价值和意义，能够为将来在教师岗位上的工作奠定基础。二是提升全方面素质能力，做适应社会需要的"大先生"。李奕勉励同学们努力做"精于'传道授业解惑'的'经师'和'人师'的统一者"。北京市属高校正在推进新兴交叉学科建设，师范生培养方面也应注重跨学科人才培养，师生要充分利用交叉学

科平台，坚持"五育"并举，不断提高专业本领和综合素养，立足全面发展，做高素质的人民教师。李奕还实地调研了野外实习的各项保障条件，与带队教师交流实习内容安排，勉励学院高质量做好育人工作。资源环境与旅游学院党委书记常华表示："'第一班主任'情系班级学生，走进山间田野，与学生们分享成长经历，对学生发展给予厚望。希望同学们牢记'第一班主任'的谆谆教诲，努力学习专业知识，圆满完成野外实习任务，用优异的成绩回报老师的付出。"

"各区的中小学都展示出来了！太细致了！""用地图展示出来看起来更直观了，还真的是第一次见到。"2024年1月4日上午，一本本《北京教育新地图》送到2021级地理科学（师范）1班同学们的手中，原来这是来自"第一班主任"李奕的深深挂念，李奕心系同学们的发展与成长，对同学们过去一年取得的成绩表示祝贺。《北京教育新地图》以地图的直观形式，将首都教育资源与地理科学、现代信息技术充分融合，集中呈现首都教育改革的新变化、新成果，传播首都教育公共服务的新信息，是首都教育资源可视化应用的重要成果。李奕希望同学们将地理师范专业学习与首都教育改革紧密结合，把握首都教育改革的新形势和新任务，增强地理专业师范生本领，用实际行动更好地服务首都基础教育。

四、工作成效显著，扎实推进"第一班主任"工作见行见效

北京高校学生工作学会主办的2023年北京高校"我的班级我的家"十佳班集体评选中，我院2021级地理科学（师范）1班从全市55所高校推荐的257个班级中脱颖而出，荣获2023年"北京高校优秀班集体"和"北京高校示范学生基层组织（班级）"称号。

凝心聚力班风正。日常加强思想政治建设，班级中有11名预备党员、28名入党积极分子、41名团员，19名同学在校院两级担任学生骨干，学生骨干们政治坚定、以身作则、团结协作，班级凝聚力强。入学以来，开展20余次主题党日、团日活动，进一步坚定"四个自信"，班级在首都师范大学2022—2023学年"五四表彰"活动中获得"活力团支部"称号，所开展的活动获评"十佳主题团日活动"奖。

砥志研思学风浓。班级开展晨读、学习打卡、读书分享会、线上云自习等多

种学习形式，7 名同学成绩稳居年级前十名，83％的同学获得学校奖学金，英语四级考试通过率 83％。同学们积极参与国家级和校级科研立项、学科竞赛、师范生技能大赛等，荣获国家级奖项 2 项，市级奖项 2 项，校级奖项 20 余项。全体同学参与中小学课后服务，覆盖 5 所学校 338 名学生，获新华网、千龙网、新浪网等媒体报道 13 篇。

团结友爱共成长。班级营造了健康向上、积极进取的浓厚氛围，同学们在文体活动中拼搏争先，斩获国家级奖项 2 项、市级奖项 8 项、校级奖项 20 余项。班级注册志愿者比率 100％，7 名同学参与冬奥会、中国国际服装贸易交易会、世界水资源大会等志愿活动，班级志愿总时长达 6000 小时。"第一班主任"李奕组织开展的"喜迎二十大，地理勇攀登"主题教育活动被北京市人民政府官网和北京电视台新闻报道。

高校思政实践育人在推动学生成长成才、勇担民族复兴重任等方面发挥了重要作用。资源环境与旅游学院努力挖掘实践育人新内涵，形成的"第一班主任"实践育人特色品牌以"大思政课"理念推进实践育人新模式，以实践课堂致力于整合实践育人资源，以务实举措促进课堂教学与实践教学有机衔接，实现多类别实践项目整体设计和有效衔接，重视学生的参与感、体验感，把优质实践教学资源聚集起来，打造多元协同育人新模式，提升实践育人的深度和广度，持续推动"第一班主任"实践育人走深走实、做精做细，实现实践育人常态化、长效化。

未来，学院将持续发挥好"第一班主任"实践育人引领作用，汇聚协同育人合力，激发"三全育人"活力，做好学生政治引导和价值引领，打造更加丰富和广阔的大思政育人体系，高质量落实立德树人根本任务，不断提升学院人才培养质量，为学校"双一流"建设和实施"攀登计划"持续贡献力量。

学生反馈

"第一班主任"来到我们班级后，同学们都受益良多，感受颇深。"第一班主任"对我们特别关怀和支持，李奕老师时时刻刻关心我们的学习和生活，关注我们的成长和发展。了解我们的情况，倾听我们的声音，帮助我们解决问题。时常鼓励我们，激励我们勇往直前，不怕困难，不断进取，鼓励我们成长为优秀的地理教师，让我们受益匪浅。我们非常感激李老师的付出，也会铭记李老师的教诲和关怀。

——资源环境与旅游学院 2021 级地理科学（师范）1 班　阿依古丽·哈力克

非常感谢老师对我们的学习和生活的关照和关心。自从"第一班主任"来到我们班后，班级的气氛活跃很多。"第一班主任"李奕老师是一位经验丰富、思维敏捷的老师，让我们非常敬佩和信任。在他的带领下，我们班集体充满了活力和热情，每个人都能够充分发挥自己的优势。希望在今后的学习和生活中我们一起努力，一起进步！

——资源环境与旅游学院 2021 级地理科学（师范）1 班　艾热盘·艾合麦提

"第一班主任"李奕老师的到来让我体验到了更加温暖且丰富多彩的大学生活。李老师有时像一位严父，带领班级同学实地考察、传授经验、严谨对待专业学习；有时又像一位慈母，时刻牵挂班级同学是否吃饱穿暖，让班级同学的心里暖乎乎的。班级犹如多了一位大家长，组织多种多样的活动，开阔同学们的视野，锻炼同学们的实践能力，增强了班级的凝聚力。

——资源环境与旅游学院 2021 级地理科学（师范）1 班　丁俊怡

非常感谢这个宝贵的机会让李奕老师来到了我们身边，李老师每次都是坐在我们身边，很亲切地和我们讲话，带给我们一些最新的首都基础教育行业信息，跟我们谈就业、说理想、讲些心里话。李老师虽然工作很忙碌，但总是惦念着我们，带领我们一起参加野外专业实习，新年还给全班同学送来了《北京教育新地图》，大家都感到很暖心，我们一定不会辜负李老师的殷切期望，努力用实际行动回报老师的付出。

——资源环境与旅游学院 2021 级地理科学（师范）1 班　程若瑶

协同联动聚合力　培根铸魂育新人
——信息工程学院"第一班主任"工作案例

李　希　杨志刚　喻沩舸

首都师范大学信息工程学院始终坚持以习近平新时代中国特色社会主义思想为指导，以学校"第一班主任"思政育人工作模式为抓手，坚持深化"三全育人"改革，构建思政育人大格局，高质量落实立德树人根本任务。学院牢固树立贴近实际、贴近学生的理念，注重青年大学生的价值引领，积极引导学生立大志、明大德、成大才、担大任，培根铸魂，勇担为党育人、为国育才的重要使命。

学院不断探索"第一班主任"工作机制的落脚点，设计"331"思政工作链，通过"第一班主任"、领航班主任、专任班主任的"三维班主任"工作体系，结合"辅导员-班主任"协同育人工作机制，学院近30名教师、7名"第一班主任"合理分工，进行资源整合，以立德树人为核心，以"建设新工科，培育新师范"为目标，推进"理论课堂""社会学堂""交流论坛"三项课堂联动，辐射学院700余名本科生，在做好政治引导、价值引领的同时，第一时间把握学生思想动态，形成思政工作的生动实践，打造师生"发展共同体"。

一、强组织、重引领，以大视野构建思政育人新格局

学院扎实推进学校"第一班主任"制度，聘请多名学校领导干部、校外杰出校友担任在校生的"第一班主任"，使班班有主任、人人受指导，通过组织"第一班主任"进校、进班、进课堂，建立良好师生关系的渠道，将思政教育工作浸润于学生日常生活学习之中，使学生将教育内容入脑、入心、入行，在原有领航班主任、专任班主任的基础上，推进创新"三全育人"新机制，并以此为平台不断拓宽思想政治工作的新途径。

在聘请学校领导、机关部处干部担任"第一班主任"的基础上，学院针对学

生的专业特色，对标学生成长需求与路径，整合优秀校友、校内外具有思政工作经验的杰出人才等资源，聘请学校时任副校长李小娟，离退休干部处处长董璐，时任教师工作部部长兼教师发展中心主任苏寄宛，中国图书进出口沈阳有限公司执行董事、总经理陈庆一，首都师范大学朝阳金盏学校党支部书记兼校长马红强，首都师范大学附属中学校长助理、全国信息学金牌教师杨森林，国开贝和教育科技（北京）有限公司董事长潘勇 7 位"第一班主任"走进学生班级，用人格魅力、工作成绩和丰富学识感染学生，激励学生，极大程度地加强了思政工作组织的战斗力。学院积极联络，畅通"第一班主任"与班级学生之间的交流，使高水平的"第一班主任"从全方位、多维度立体化育人，实现教育力量落在班级、落在学生。"第一班主任"共同谋划，把握思政大局，制定思政方案，解决思政难题，为全员育人搭建思政工作新平台。

学院通过广泛聘请"第一班主任"，拓展思政引领者的范围；通过分专业、分领域聘请"第一班主任"对接相应特点的学生班级，划清思政教育层次；通过建立"辅导员-班主任"协同育人工作机制，构筑教师之间的"学习共同体"，增强辅导员与"三维班主任"之间的链接，增强教师与学生之间的黏性，真正实现全员、全方位、全过程育人的目标。

二、强协同、聚合力，以大情怀打造思政育人新体系

学院通过"辅导员-班主任"的协同育人工作机制，由"第一班主任"带头，协同领航班主任、专任班主任与辅导员，以思想政治教育为引领，打造集日常教育、教学、科研、心理等辅导为一体的育人体系，充分发挥班主任和辅导员各自的优势，以学生发展为共同指向，在日常管理与教育中相互协同，形成育人合力，从而达到高质量的协同育人效果。

学院深入开展以"辅导员-班主任"协同为核心的"三全育人"工作机制研究，创新基层院系"三全育人"实施方案，探索"三维班主任"体系协同育人有效途径，真正落实"第一班主任"工作模式。通过举办"辅导员-班主任"协同育人论坛，明晰辅导员和班主任的工作职责，讨论交流学生的思想动态、发展情况，多角度剖析学生的成长困难，有针对性地制定学生成长方案，切实把握各方

掌握的信息。截至目前，学院已开展"辅导员-班主任"协同育人论坛近 30 次，工作团队发表相关研究核心期刊论文 1 篇，一定程度上加强了思政组织间的有效协同，在做好日常思想政治工作的同时，逐步深化教书育人、科研育人、实践育人、管理育人、服务育人、文化育人、组织育人的工作主线，打通"三全育人"的"最后一公里"，营造学院良好育人氛围，提升思想政治教育工作质量。

通过凝结校内外、各部门、各工作组的育人力量，做好力量之间的协同沟通，积极配合，学院形成了具有大格局、大视野、大情怀的思政育人队伍，协同思政育人能力逐步增强。

三、强实践、促交流，以大格局筑起思政育人新高地

学院积极整合资源，深入贯彻落实"大思政课"建设理念，打破以课堂教学为主的思政课单一教育教学模式，将思想政治教育内容嵌入专业与实践育人的日常，着力构建以"理论学习课堂、社会实践课堂、交流论坛课堂"为主干的三项联动思政课堂，夯实理论第一课堂主渠道，善用社会大课堂资源，促进师生交流互动，打通理想信念教育、社会主义核心价值观引领的路径，推动思想政治教育常态化，补足青年大学生精神之"钙"，凝聚发展共识，全力培养担当民族复兴大任的时代新人，培养德智体美劳全面发展的社会主义建设者和接班人。

（一）思想引领，用好理论主课堂

学院围绕"第一班主任"中坚实的思想政治教育工作力量，通过主题团课、导学育人微党课、毕业生党课等形式扎实开展理论学习课堂。2023 年 3 月 30 日，2021 级电子信息工程 2 班团支部开展"以奉献精神，亮青春底色"主题团日活动，"第一班主任"董璐书记通过倾听学生心声，并结合自身经历，鼓励同学们在提升专业能力的同时，也要实现个人综合素质的全面发展，在祖国和人民需要时，敢于奉献自我，努力做到真正地、发自内心地"为人民服务"，书写青年担当。2023 年 5 月 31 日，"第一班主任"董璐书记为学生召开"学习贯彻党的二十大精神中的'五个牢牢把握'，让青春在实践中绽放绚丽之花"的导学育人微党

课，呼吁同学们积极响应习近平总书记对广大青年学子的号召，坚定不移听党话、跟党走，怀抱梦想又脚踏实地，敢想敢为又善作善成，立志做有理想、敢担当、能吃苦、肯奋斗的新时代好青年。2023 年 5 月 17 日，"第一班主任"李小娟副校长为 2019 级计算机科学与技术（师范）班级讲授"争做新时代'四有'好老师、'四个引路人'"的毕业生党课，希望同学们牢记习近平总书记提出的"四有"好老师、"四个引路人"的要求，深刻理解其内涵并在今后的工作岗位中积极践行，忠诚党的教育事业、向榜样学习、注重创新教育，将科技与创新融为一体、德才兼备。课后，李小娟副校长为班级每一位同学赠送了《习近平与大学生朋友们》《觉醒年代》等图书，并在扉页上写下了"为学为师，求实求新"的校训。2023 年 11 月 30 日，"第一班主任"陈庆一组织 2022 级电子信息工程班开展"以学增智，迈好职场第一步"的主题班会，他通过阐述习近平新时代中国特色社会主义思想的立场、观点、方法，引导学生善于运用这一科学理论观察时代、把握时代、引领时代；善思会用专业知识，与时代发展同频共振；并希望同学们增强主动性与韧性，在今后的学习与工作中充分发挥模范带头作用。

学院持续发挥"第一班主任"示范引领作用，使"第一班主任"深入理论学习课堂，领学、助学、导学一体推进，有力提升思政育人成效，切实培养有理想、敢担当、能吃苦、肯奋斗的新时代青年。通过"第一班主任"平台开展了多样化、立体化思政大课堂，将"大思政课"融入学生日常、化作经常，潜移默化地将思政内容撒播进学生的心灵。"第一班主任"以自身成就、个人魅力、管理能力等特点，极大程度地发挥思政育人优势，强化学生的理论学习，注重学生理想信念及社会主义核心价值观的教育，以生活实际经历触动学生内心，对学生的思想转化作用巨大。学生通过理论课堂的学习，从原来的听理论转变为能够讲理论、用理论，班级、支部在建设过程中，理论学习频次增加，学习内容深度提高，学习效果质量提升；部分学生参与学校理论宣讲活动，提升了政治觉悟、思想水平。"大思政课"发挥其培根铸魂的功能，有效夯实学生思想根基，真真切切让学生"看到、听到、学到、做到、悟到"。

（二）专业赋能，走进实践主阵地

学院积极整合"第一班主任"中专家学者、管理能手、行业引领者的育人资源，通过到企事业单位调研、"我为校长当助手"等项目持续展开社会实践第二课堂。在第八届"中国航天日"到来之际，"第一班主任"李小娟副校长带领信息工程学院师生到航天宏图信息技术股份有限公司参观调研，学生们通过了解公司及行业情况、航天宏图高级副总裁杨政军的成功经历、校友的成长经历等，感悟企业开拓创新、服务国家的精神和回馈社会、帮扶教育的责任担当。2023年11月17日，"第一班主任"马红强带领2021级人工智能（师范）3班全体学生赴首都师范大学朝阳金盏学校开展听课、教学研讨等一系列活动，在听取优秀的教师授课、学习先进的学科融合教学理念的同时，提前拓宽未来教师的专业领域视野。另外，学院开展"我为校长当助手"项目，班级同学为李小娟副校长当助手，跟随校长工作一天，了解校长一天的工作情况，并与校长进行深度交流。在跟随校长工作的过程中，学生了解了学校领导的工作状况，体验了机关部处的工作状态，增进了对未来职场的了解，并学会了多角度看待和处理问题，得到了更好的成长。

针对工科专业学生思想理论内容与实践联系不够的实际情况，学院依托"第一班主任"的平台与资源，积极探索社会大课堂教育基地，将思政教育与社会大课堂的具体实践相结合，统筹教育场域资源，推动了思政课堂与社会课堂的有机统一，使思政课程与课程思政同向同行，助力学生开阔视野，提升对个人发展的认识。"第一班主任"立足于学生发展需要，引领思想、走进调研，用脚步丈量社会，在真实情景中涵养学生"国之大者"的情怀，培养学生的社会责任感，使思想政治教育沉浸式融合，真正做到"润物细无声"。通过亲身走进名企，让学生了解专业领域发展样态，提早感受职业风向，提早培养职业相关能力，也激励学生认真钻研专业领域，提升自身专业能力，以个人价值回报社会需求。

（三）成长护航，畅通交流主渠道

学院致力于"第一班主任"走进班集体的深入性、有效性，通过主题班会、面对面谈话、主题交流等活动打造师生交流论坛，增强师生交流互动。2023 年 3 月 23 日，举办离退休干部理论学习小组与班级学生之间的"老少共学二十大 携手奋进新征程"主题交流活动，"第一班主任"董璐书记邀请离退休教师党员与学生们展开热烈交流，学生们通过老一辈人的分享，提升了思想认识上的高度，也表示在学业研习上要不断提高深度，做新时代勤奋耕耘的学习者。2023 年 5 月 17 日，学院召开"第一班主任"李小娟副校长与毕业班级学生之间的座谈会，李小娟副校长认真听取了蒋硕、秦一宁、蒋辰、龚玲玉四位同学分别在保研、考研、就业和出国深造等方面的体会和建议，与学生一一进行交流，解决学生成长与发展的困惑，并听取专任班主任粟傑老师对四年班级工作的总结和目前学生升学、就业等情况的介绍，针对班级面临的问题与学院班子研究了解决方案。疫情防控期间，李小娟副校长也与在校学生展开一对一谈话，了解了在校生的成长经历、学习生活状况并予以关心，为学生指导发展路径，期待学生学有所成，回报家乡。

"第一班主任"通过与学生面对面谈心谈话，第一时间了解学生思想动态、成长动态，进行提前规划与问题解决，引导学生逐步形成个人发展递进式链条。学生不光思想上有了显著提升，综合能力也在学习、科研、实践中有所体现。其中，本科生参与各类学科竞赛累计获得国家级奖项 59 项、市级奖项 227 项，其中一等奖占比 21%；32 名学生走进教学一线，参与课后服务活动，实现大中小学生的双向反哺，引导学生在投身教育事业的过程中树立坚定理想信念；65 名学生在国家大型专项活动中担任志愿者，书写强国有我的青春担当。

"第一班主任"坚持将思想政治工作规律、教书育人规律和学生成长规律有机统一，将"三大规律"浸润到"三维班主任"思政育人工作机制中，构建"三大规律"的长效机制，在思想政治工作推进的每一个具体环节、学生成长的每个过程都实现全员、全过程、全方位立体育人格局，最终培养能够全面发展的人。通过切实走进学生群体，真实地贴近学生，让思想政治教育得以以更为亲切的方式展开，让思政教育更具生动性、吸引力与感染力，从学生入学到毕业、从学生学习到生活，为学生成长成才保驾护航。

学生反馈

马红强老师带我们到首都师范大学朝阳金盏学校参观，这是我们第一次以未来教师的身份迈入中学的校园。在听课过程中，教师们将复杂的知识用深入浅出的方式传授给学生，将不同学科的知识相互融合，创造出新颖有趣的教学内容，跨学科的教学方式不仅提高了学生的学习兴趣，也锻炼了他们综合思考的能力。我们有幸参与了老师们的研讨，通过与老师们的深入交流，我们深刻体会到教育不仅是传授知识，更是培养学生的综合素质和未来的生活能力，从老师们的身上感受到了教育的温度与力量。

"第一班主任"带着我们走进了真实的教学实践场所，与当下新的教育思想、教学理念碰撞，让我们对未来从事教育事业又多了一份期待和一份欣喜。特别感谢马老师给我们这样一次走进中学学习的机会，在这里，我们看到教育学中的理论成为实践，看到新的教育政策得到落实，我们沉浸式地了解了人民教师的工作，燃起了成为优秀人民教师的决心，希望自己也能成为像他们一样站在讲台上闪闪发光的人。

——信息工程学院2021级人工智能（师范）3班　杨雨安

转眼间毕业已经半年多了，我目前已经在首都师范大学附属小学工作，是一名信息技术老师。非常感谢学校和学院四年以来的栽培，毕业后，我才深切感受到在校期间老师们给予的指点与教诲、关心与温暖。还记得毕业前夕，我们班的"第一班主任"李小娟副校长与我们分别进行了面对面的谈话，我向老师讲述了我的职业理想和求职过程，校长特别亲切地和我展开了交流。她丰富的成长经历和工作经验，为我指明了未来的发展方向，她还鼓励我要继续发挥自己的技术优势，在未来的工作岗位上发光发热，做一名学生喜欢、家长信任的"四有"好老师。至今，我都以李老师的叮嘱作为自己的发展目标，在岗位上积极探索实践，用真心对待每一个孩子，用热情对待每一份工作。

李老师是我成长路上的引路人，像一盏明灯，照亮我前行的道路，她一丝不苟、主动作为的工作态度始终影响着我，在我遇到教育教学的挑战时、当我面对学生管理的挫折时，我都能鼓起勇气积极主动地解决，以此作为自身发展的动力；李老师也是我生活中的知心人，像一股清流，滋润我成长的心田，她的话语，给了我一种温暖而坚定的力量，让我感受到学校从上至下对学生的关心关爱，很幸运有这样一位"第一班主任"陪伴我的成长。

——信息工程学院 2019 级计算机科学与技术（师范）班　蒋　辰

以青年担当为使命，
接好民族复兴接力棒

    青年是国家的灵魂。青年一代有理想、有担当，国家就有前途，民族就有希望。在"第一班主任"的持续教育引导下，首都师范大学青年学子的责任感和使命感显著提升，班级的凝聚力和向心力明显增强，社会服务的参与度和贡献度不断提高，人才培养的创新性和前瞻性显著提升。学生通过学习实践实现自我发展和自我完善，为实现中华民族伟大复兴的中国梦贡献青年力量。

寓教于行育新师　启智润心强教育

——教育学院"第一班主任"工作案例

李玉琼　李海珊

为全面贯彻党的二十大精神，落实"立德树人"根本任务，推动教育强国建设行稳致远，首都师范大学教育学院寓教于行、启智润心，扎实推进"三维班主任"育人体系建设，以"第一班主任"为引领，协同领航班主任和专任班主任，不断将育人力量汇聚一线、抓深抓实班主任育人内容和育人实效。在学校的大力支持下，自2022年9月起，教育学院已聘请原教育部司局干部、行业领域资深专家、基础教育示范校一把手、学校机关部处干部、学院领导班子成员等共10位"第一班主任"，实现本科班全覆盖。

一、教以明志：筑牢信念根基，引领育人航向

"青年的理想信念关乎国家未来。青年理想远大、信念坚定，是一个国家、一个民族无坚不摧的前进动力。"学院充分发挥"第一班主任"在思想引领、价值引导方面的作用，通过开学第一课、主题党课、"大思政课"等多种形式，开展一系列有针对性的理想信念教育，向学生传递党的声音，筑牢至诚报国理想信念，引领智慧育人发展航向。

在党的二十大胜利召开之际，"第一班主任"、北京市教育委员会副主任（原海淀区教工委书记）王方通过召开"喜迎二十大"主题班会，带领班级学生一同学习党的二十大精神，同时结合自身的求学及工作经历向大家介绍海淀区教育行业与科技领域协同发展的情况及成果，鼓励同学们应用所学投身基层，多实践，多做实事，平时通过微信等渠道与学生分享自己的工作心得，这样细致入微的做法将天道酬勤、久久为功的奋进力量润物无声地传递给了班级的每一位学生。王方的教导如同春风一般吹进同学们的心，班级中多名学生一路追随王方的奋斗足迹，主动参与云支教、"课后330"服务等，进入学校实习，为基础教育贡献自

己的力量，在实践中学习进步。在他的带领下，班级学生更加深刻地意识到要坚定拥护"两个确立"，坚决做到"两个维护"，更好地承担起新的文化使命，作出属于新时代新青年的更大贡献。

"第一班主任"、学校党委常委、副校长蔡春为班级同学讲授"中国式现代化与教育现代化"主题党课。他围绕"中国式现代化的基本精神""西方式现代化：资本逻辑及其展开""中国式现代化：共同富裕及其展开""现代化的基本问题与教育现代化"和"教育现代化与人的现代化"五个方面为同学们讲述了中国式现代化与教育现代化的关系，嘱托班级学生将本专业的发展前景与党和国家的前途命运紧密相连，引导班级学生深入思考新时代教育学专业学子的责任与担当。蔡春还给班级学生讲授专业课，思想引领叠加专业指导，同学们对教育强国征程上应有的担当和使命有了更深刻的理解，纷纷表示要更加努力地学习专业知识，在教育强国建设中贡献自己的一份力量。目前，班级已有超65％的学生递交入党申请书，其中已发展中共预备党员 2 名，入党积极分子 13 名。同时，在蔡老师的引领下，班级组织的系列团日活动在学校 2023 年"五四表彰"活动中获评"优秀主题团日活动"，班级还曾获评新生优秀"卓越班集体"称号。

"第一班主任"、海淀区教育科学研究院教育网络与数据中心主任马涛结合专业领域，为大一新生讲授主题为"争做新时代好青年——教育数字化转型中的教育技术与思政课结合育人"的"大思政课"，他指出教育的根本任务在立德树人，通过丰富生动的案例分析了数字化转型背景下教育方式的转变，阐释了教育技术在教学过程和教学管理等方面的重要价值，鼓励学生用数字化手段思考问题、解决问题。讲座中提到了一个引人思考的例子——"在出一道数学题计算刷墙需要买至少几桶油漆时，不仅考查学生们的空间想象能力，即需要刷的墙有几面，还需要学生有环保节约意识，不能买过多数量的油漆"。这个生动有趣的例子，使班级学生意识到了教育的过程是多学科相互依存、相互作用的过程，在价值引领的同时加深了学生对自身专业的理解。

二、育以润心：走进教育场域，砥砺青年奋进

"鲜衣怒马少年时，挥斥方遒报家国"，青年是新时代国家发展进步之中流砥

柱。学院充分挖掘"第一班主任"的育人资源，将学生带到示范中学、博物馆、特色展览等生动鲜活的教育场域，以启智润心之育人智慧，乐教爱生之教育责任，鼓励学生立足当下学业，树立远大理想，做"心有大我、肩有大任、胸有大志、行有大德"的新时代好青年。

"第一班主任"田慧生带领教育技术学专业的学生赴馆藏教科书两万余册、时间跨越三个世纪、研究成果享誉全球的国内首家教科书博物馆——中国课本博物馆参观，为学生们讲授"尺寸教材，国之大者"的情景式"大思政课"，分析为何称方寸教材是国之大者，引导同学们将教材建设与数字化技术相结合，探索信息技术赋能教育教学变革，以奋进的姿态成为基础教育的耕耘者和创造者。

"第一班主任"、首都师范大学附属中学党委书记沈杰将教育学专业的同学带进附中这所百年示范中学，带领同学们依次参观附中的校史馆、陶工坊、青牛创客空间、非遗教育博物馆等场域以感受基础教育的蓬勃发展，并为班级同学讲授"大思政课"，鼓励同学们做"心有大我、肩有大任、胸有大志、行有大德"的新时代好青年。同学们通过跟随"第一班主任"走进基础教育优质校，不仅真切感受到这所百年学府的厚重积淀和优秀前瞻，也更加增强了教育强国建设中教育人的使命感。

"第一班主任"、学校社科处处长、学院前党委书记张增田为增强大一新生理想信念、推进主题教育入脑入心，带领班级学生赴中国人民抗日战争纪念馆和"红色·记忆——北京革命旧址手绘作品展"开展情景式党课学习。他教育学生历史是最好的教科书，希望青年学生珍惜当下和平幸福的生活，弘扬伟大的民族精神和抗战精神。在结束抗战纪念馆的参观后，还带领学生前往由我校美术学院主办、北京市丰台区卢沟桥文化发展中心协办的"红色·记忆——北京革命旧址手绘作品展"，参观美术学院同学创作的、以承载重大历史事件或人物活动的革命旧址为主题的绘画作品，鼓励同学们发挥专业优势，将学习与实践相结合，积极创新活动形式，扎实修炼本领，为祖国奉献自己的力量。

"第一班主任"、学校综合档案馆副馆长吴文灵将学生带到自己的工作场域，带领学生参观校史馆，在馆内讲授"作为'人民教师摇篮'的首都师大"的主题党课，详细介绍了学校的沿革、发展历程、知名校友以及学校的精神文化体系和特有标识，激发了学生对学校的精神认同和情感认同，也凝聚了学校攀登的青年力量。同时，还为班内学生争取到在档案馆、校史馆的实习实践机会，先后共有15名学生在学校学生档案、教职工档案、文书与学籍档案办理、校史馆服务4个岗位参与实习实践，帮助学生在实践中历练和成长。

"第一班主任"、学校宣传部副部长郭圆圆带领班级学生参观她主责完成的"攀登——首都师范大学改革发展成就展"和"伟大历程——中国共产党历次全国代表大会图文展"，亲自向学生讲解展览，并介绍布展背后的故事，鼓励同学们努力学习科学文化知识，运用学校搭建的优质教育平台，充分发挥自身能力与优势，做德才兼备的新时代大学生。同学们在"第一班主任"的指引下，纷纷表示要接过前辈手中熊熊燃烧的火炬，让青春力量在时代的脉搏中迸发。

三、学以笃行：加强过程指导，提升综合素养

"第一班主任"的使命就是"关心、关爱、支持、帮助学生"。教育学院的"第一班主任"坚持以学生为中心，积极回应学生关切，面向不同年级、不同专业方向的学生群体，结合不同学段、不同时期的学生需求，深入班级开展有针对性的指导，助力学生综合素质提升。

在新生入学之初，为引领大一学生坚定理想信念、科学规划大学生涯，"第一班主任"走上讲台为新生班级上好"开学第一课"；学段中期，学业压力、发展困惑纷至沓来，"第一班主任"走进班级召开"倾听心声 共话成长"调研座谈会，为学生答疑解惑、排忧解难，驻班更驻心；临近毕业，召开主题班会、组织实习实践，针对升学问题召开"认识自我 规划梦想"主题交流会，给同学们注入"强心剂"和"定心针"。教育学院还选聘具有丰富学生工作经验的行政干部，有针对性地加强过程指导，助力学生发展。

"第一班主任"、学校时任研究生工作部副部长师保国走进班级召开"乘风破浪，心向未来"主题班会，引导班级同学积极应对期末考试、四六级考试等压力。围绕期末考试、课程论文写作、考研升学等方面为大家答疑解惑，并寄语"天道酬勤、功不唐捐"，希冀大家在最好的年纪埋头磨砺，在属于自己的时代和寸金光阴里大有作为！

"第一班主任"、学院党委副书记李玉琼为帮助同学们调适心理、缓解压力，以更加积极的状态投入校园学习生活，召开"把握情绪，奔向未来"主题班会，带领同学们进行调适心理的团体辅导活动，并用丰富的学生工作案例引导大家正确对待焦虑，还积极回应同学们在奖、勤、助、贷、补、学业、就业等方面的困惑，鼓励同学们将专业知识转化为专业能力，努力提高综合素质，朝着理想目标不断前行。同学们纷纷表示此次主题班会帮助大家正确认识了自己的情绪，缓解了学习压力，也更加明确了发展方向和目标。

四、行以致远：助力学生发展，打造育人高地

学院高度重视班主任队伍建设和专业素养提升，以"第一班主任"为引领，以学生为中心，统筹规划，汇聚更多育人资源和育人力量，打造新时代思政育人新高地，积极推动"三全育人"工作落地见效。

第一，坚持党委领导、统筹规划，整体推进"三维班主任"队伍建设。以"第一班主任"队伍建设为引领，开展系列班主任沙龙培训活动，助推大学生思想政治教育工作走深走实。如 2022 年 9 月，学院召开新学期"三维班主任"工作沙龙，邀请时任学生处处长周举坤做题为"以学生为中心的高校学生管理服务与支持"的分享，周举坤从定位思考、根本问题、总体背景、基本现状、机遇挑战等方面展开，明确提出学校高度重视学生发展工作，将立德树人作为学校发展的根本任务，将"三全育人"工作贯彻始终；2023 年 12 月，召开"协同育新人·聚力勇攀登"2023 年班主任工作研讨会，围绕班级建设中的特色做法与难点，从思想引导、学业指导、班级文化建设、心理健康教育、职业规划等方面进行了深入的交流和研讨，共同探讨班级建设的新思路、新方法，为更好地促进学生的全面发展贡献智慧和力量。

第二，坚持"三全育人"、科学布局，全方位发挥"第一班主任"的育人优势。一年多来，学院充分挖掘"第一班主任"的自身资源，结合不同班主任的特点和专长，通过"请进来"与"走出去"相结合的方式开展了丰富多彩的"第一班主任"育人活动。在内容上，以思想引领为主，涵盖理想信念教育、专业学习、心理健康、创业就业等多领域；在形式上，通过"大思政课"、"开学第一

课"、主题班会、主题党课、参观走访、社会实践等多载体浇灌出鲜活生动的成长之花。

第三，坚持以学生为中心建立良好的沟通机制。学院自开展"第一班主任"建设工作后，"第一班主任"、领航班主任、专任班主任及班委建立了良好的沟通机制，确保师生之间能够高效沟通和协作，学生可以做到畅所欲言，三位班主任也都能够及时了解班级和学生的动态及需求，从而根据班里每个学生的具体情况，精心制定个性化、专门化培养方案，与学生谈心、到课堂听课、指导学生做职业规划、解决他们的思想困惑和生活困难。三位班主任各自承担其主要责任，相互协作，构建思想引领、学术导航和学业规划一体化的育人体系，对学生成长成才全过程全方位负责，坚决打通育人"最后一公里"。

"第一班主任"坚持立德树人根本任务，坚守为党育人、为国育才，把立德树人融入思想道德教育、文化知识教育、社会实践教育各环节，培根铸魂、启智润心，切实丰富了专业知识、提升了综合素养、筑牢了理想信念根基，让学生们成为有理想、敢担当、能吃苦、肯奋斗的新时代好青年。未来，学院将继续坚持以学生为中心，以"第一班主任"为引领，不断完善"三维班主任"工作体系，汇聚更多育人资源和育人力量，打造新时代思政育人新高地，积极推动"三全育人"工作落地见效，培养一代又一代拥护中国共产党领导和我国社会主义制度、立志为中国特色社会主义事业奋斗终身的有用之才，把学生培养成为牢固树立中华民族共同体意识、担当民族复兴大任的时代新人。

学生反馈

"第一班主任"田慧生老师带领我们参观了中国课本博物馆，让我感受到教科书的形式和内容都发生了巨大的变化。这些变化不仅反映了教育技术的进步，也体现了教育理念的转变以及社会的发展。田老师给我们上了一堂主题为"尺寸教材，国之大者"的情景式"大思政课"，深入浅出地讲解了教科书的重要性，我猛然发现用了这么多年的教材，这还是第一次去了解教材的历史。田老师的课让我们沉浸式地了解到教科书中不仅包含学科知识，还蕴含着文化传承，传递了中华上下五千年的传统文化。

——教育学院 2022 级教育技术学（师范）班　崔田田

主题班会上，我们与"第一班主任"王方老师深度交流，既分享学业发展规划、班级建设思路，也阐述我们理解的青年学生的责任担当。王方老师结合他的求学经历与工作经验，给予我们最真诚的指导、建议，还从他的角度，以更高的站位帮助我们理解教育事业。基于深耕教育行业的经验，他帮助我们分析就业前景，鼓励我们投身基层，在实践中进一步理解责任使命。这无疑让正处于困惑、迷茫状态中的我们多了一丝坚定，更期待未来在教育事业上能够有所作为。

平时，王方老师总在微信群中分享名人名言，帮助我们在待人接物上更加成熟、妥当。王方老师像他最初说的那样，成为我们的朋友、见证我们的成长。我们也在节日时向王老师送上祝福，不时汇报我们的学习情况、班级建设情况。与王老师的相处十分温暖，他的谆谆教诲和实际行动影响着我们每一个人。我们尝试以新视角理解教育问题，不断提高站位；通过不同的方式到教育一线学习观察，深入理解教育；也更加理解青年学生的责任使命，在王老师的指引下不断前行，成为更好的自己。

——教育学院 2020 级教育学班　王仁婧

在我心中，"第一班主任"蔡春老师不仅是教育学学术上的灯塔，更是人生道路上的思想导师。蔡春老师讲授的"教育基本原理"课程，勾勒出星光璀璨的教育宇宙。"教""学"之间，他尊重和鼓励学生独立思考，激发出同学们对教育学的好奇心和探索欲。课下，蔡春老师作为"第一班主任"，全方位、多角度、立体化地对班级发展和学生成长作出了引领和指导。他从学科角度出发、与学科实际融合，为同学们讲好"大思政课"，实现对班级学生的思想引领和价值引导；他召开师生调研座谈会，聆听学生的真实诉求并给予积极回应，展现了"为党育人、为国育才"的情怀。在"第一班主任"蔡春老师的指引下，我深刻认识到，党和国家的前途命运与自身专业的前途命运紧密相连。作为新时代教育学人，应求真笃实、勇于攀登，以扎实的专业知识为教育现代化和中国式现代化奉献自己的力量。

——教育学院 2022 级教育学班　廖婧茹

在"第一班主任"聘任仪式中，我深刻地记得沈杰老师对我们的寄语："'百年大计，教育为本'，我们应以教启智，打开善思博学、追求卓越之窗，正志笃行；以教润心，踏上身正为范、德高为师之路，培根立德；以教铸魂，谱写强国有我、挺膺担当之歌，青春不怠！"沈杰老师带领我们参观了校园多个素质教育场所，还为我们上了一节深刻的"大思政课"。沈老师叮嘱我们青年一代要心有大我、肩有大任、胸有大志、行有大德，勇担教育强国重任，为教育高质量发展作出贡献。

——教育学院 2023 级教育学班　谭博宇

架起"三融"语言桥梁 培养"三有"外语青年
——外国语学院"第一班主任"工作案例

吴晓璐 张志杰 王彬入

"努力培养更多有家国情怀、有全球视野、有专业本领的复合型人才，在推动中国更好走向世界、世界更好了解中国上作出新的贡献。"首都师范大学外国语学院始终牢记习近平总书记对培养外语人才的嘱托，秉持"融汇古今文学，融通中外文化，融洽世界文明"的院训精神，用心架起语言桥梁，着力培养有家国情怀、有全球视野、有专业本领的外语青年。"第一班主任"作为外语青年的知心人、热心人、引路人，在"三有"外语青年培养中无疑发挥了巨大的引领作用。

截至目前，学院共聘任 21 位"第一班主任"，由考古专家、时任首都师范大学副校长雷兴山，首都师范大学副校长韩继华，时任海淀区教育委员会主任杜荣贞，著名翻译家傅光明，中学校长、副校长 7 人，学校机关部处领导 3 人以及学院领导班子 7 人构成，此工作已覆盖所有专业的 20 个班级。两年多来，学院充分发挥"第一班主任"驻班更驻心的作用，用心架起"三融"语言桥梁，逐步形成以"家国情怀"立德铸魂、以"全球视野"融通世界、以"专业本领"服务国家的特色育人机制，在"语通中外、道济天下"中为学校建设中国特色世界一流师范大学贡献力量。

一、在理论与实践结合中厚植青年家国情怀

学院一直在思考如何促进外语专业青年学生在世界之变、时代之变、历史之变的过程中，坚定理想信念，厚植家国情怀。

2021 年 12 月 23 日下午，学校"第一班主任"工作隆重启动。时任学校副校长雷兴山担任学院 2021 级法语班"第一班主任"，他深情寄语同学们：作为外语专业的学生，你们要心怀"国之大者"，要有大视野、大担当、大作为，走进语

言的世界，体会文化的魅力，以新时代青年该有的志气、骨气、底气，讲好中国故事，传播好中国声音，书写无愧于时代的壮丽篇章。

自此，在一位位"第一班主任"的悉心指导下，学院围绕厚植家国情怀学起来，讲起来，唱起来，用习近平新时代中国特色社会主义思想铸魂育人，鼓励青年学生站在理想信念的制高点建功新时代。

（一）开展主题教育，掀起学习热潮

2023 年 6 月 8 日，一场精彩的"主题教育进行时"专题学习活动在学院举办。在"信仰的力量·追光十年"——"信仰·马列经典原著学习小组"成立十周年纪念座谈会上，"第一班主任"、外院原党委书记朱平平深情回顾了小组的酝酿和形成过程，从开始的不自信、摸着石头过河，到稳扎稳打、总结经验、提炼特色、辐射引领。从单一的理论学习，到多样的活动形式，信仰的种子不断生发，为茁壮成长奠定了基础。会上，"第一班主任"雷兴山讲授了"以信仰之光映前行之路"的生动党课。他围绕共产党人的信仰，党领导人民追寻信仰的历程，新时代青年践行信仰的路径，带领师生一道回望历史，再学理论，再悟信仰。

在追随信仰、坚定信仰、传承信仰中，学院研究生问道理论学习小组和各党支部、各团支部、各班集体积极学起来，"第一班主任"引领广大青年学生以学铸魂、以学增智、以学正风、以学促干，切切实实把习近平新时代中国特色社会主义思想转化为坚定理想、锤炼党性和指导实践、推动工作的强大力量。

（二）创新宣讲方式，不断入脑入心

在学院流传着一句经典话语："青年人将党的创新理论讲给青年人听。"在"第一班主任"、学院班子成员的反复研讨酝酿下，2023 年 5 月 11 日，举办了"学思想 强党性 重实践 建新功"主题教育理论宣讲比赛，创新宣讲方式、多人同台演绎、党团班一体协同，用"青言青语"讲"党言党语"，让理论的回响往深里走、往实里走、往心里走。

本、研学生以党支部为单位形成 9 支"微宣讲团"，他们热议时政理论"新

时代十年的伟大变革""开辟马克思主义中国化时代化新境界""以中国式现代化全面推进中华民族伟大复兴",研讨习近平总书记关心的重要理念"江山就是人民,人民就是江山""绿水青山就是金山银山",畅谈新时代青年的美好期许愿景"我和 2035 有个约""新时代,好青年",也讲述学院故事《做心怀"国之大者"的大先生》《讲好中国故事,传播好中国声音》。他们入情入理谈信仰、动情动心讲初心,融入台前问答、观众互动,用铿锵与热诚诠释学思用贯通、知信行统一,让党的创新理论"飞入寻常百姓家",带动全体学子在真理的振聋发聩中追望大道,矢志奋斗。

(三)演绎光荣之歌,唱出时代强音

在"第一班主任"和学院班子的指导参与下,师生们在学校五四"光荣之歌"青春歌会中演绎《雪花》《走向复兴》,用满腔热情唱响新时代之声,最终蝉联一等奖并荣获"精神风貌奖"。

合唱中,随着钢琴声响起,外国语学院副书记王亚楠老师开始讲述起在担任北京冬奥会志愿者期间的点点滴滴。作为学院 110 名服务北京冬奥会的"小雪花"中的一朵,王亚楠老师与学子们一同看见、触摸、感知北京冬奥精神,"雪花"竞相开放,开在阳光下,点亮青年梦想,回响起"一起向未来"的时代旋律。三位"第一班主任"用激昂的语调诉出学院的声音:"雪花在闪亮,青年在成长,新时代青年生逢其时,青年强,则国家强。"钢琴声澎湃而起,《走向复兴》激动人心的旋律奏响。"我们是优秀的中华儿女,谱写时代新篇章",这是学子奋进新时代、奋斗新征程的坚定决心!合唱结束后,院学生会文艺部部长激动兴奋又满含热泪地和大家拥抱合影,似乎在讲述一段极具传承、细节丰富的五四光荣故事。

二、在中国与世界对接中开阔青年全球视野

外语,是联通世界的桥梁。当前,全球化趋势持续演进,中国式现代化稳步推进。传播中国、展示中国、塑造中国,是新时代外语人与外语教育的使命。

当代外语学子如何肩负时代使命、应对国际挑战?"第一班主任"、外国语学院院长王宗琥教授为 2023 级新生讲授"大学第一课"——"ChatGPT 时代的外

语专业学习：机遇与挑战"。他讲述了在机器智能化的大背景下，人应当如何认识世界与个人发展，从而超越运算逻辑，彰显人文价值；也重点强调了外语学习者的天然使命——在学习过程中，用语言向世界讲好中国故事、传播好中国声音。

开阔国际视野，需要"走出去"了解语言对象国文化；需要"融进来"参与国际高水平志愿服务；也需要"沉下心"向世界讲述中国新时代青年的奋斗故事。

（一）"走出去"，深入学习对象国语言

学院每年会有 70 余名学生出国交换，"第一班主任"会组织出国学生开展出国行前教育培训、出国期间线上交流、回国后经验分享等，确保学生在与世界的对接中守纪律、长见识、展形象。2023 年 6 月 14 日，"第一班主任"、时任学院行政副院长刘营与新学年即将出国的学生交流座谈。她分享亲身经历，讲述生动的案例和与往届出国学生的交流感言，叮嘱同学们牢记新时代外语专业大学生的使命担当，带着文化自信走出国门，去了解世界的同时，也要让世界了解中国。

正如西语专业交换生高迈所说："在这段求知求学之旅中，我感受到了另一种生活节奏和方式，看到了另一面的自己，并且也重新认识了这个世界，在多元的世界中，能够惬意地学习和思考。"总之，通过"走出去"一年的时光，既可以在当地学校读万卷书，也可以去世界各地行万里路，全方位开阔自己的全球视野。

（二）"引进来"，参与国际高水平志愿服务

国际高水平志愿服务是外语学子与世界对接的重要平台。"第一班主任"、时任学院党委副书记吴晓璐非常重视志愿服务工作。近 5 年，先后选拔 400 余名志愿者参与国庆 70 周年、建党 100 周年、北京冬奥会、中非合作论坛、亚洲文明对话大会等重大活动，逐步形成了"志愿服务与外语专业技能相结合，与职业发展规划相结合，与学生成长成才相结合，与青年服务国家相结合"的高层次志愿服务育人模式，志愿服务逐步成为学生服务国家的一道亮丽风景线。2023 年是"一带一路"倡议提出 10 周年，学院先后选派 52 名志愿者服务三届"一带一路"

国际合作高峰论坛。

服务"一带一路"国际合作高峰论坛的志愿者张致远表示:"这是我第二次参与'一带一路'志愿服务工作。从第二届到第三届,四年来,对于国家而言,是更高水平的办会质量,更优质的办会服务,更大范围地将世界各国紧密联系起来。对于我个人而言,无论经过多少年,服务国家的初心不会变。作为外语学子,我将继续站在中国角度,理解世界,讲好中国故事,传播好中国声音。"

(三)沉下心,向世界传递新时代外语青年的精神面貌

"我是融汇,告别世界的偏见种种

我是融通,打破语言局限的墙

我要融洽,包容地爱着啊

我要发声,乘着风、踏着浪

朝着全球各地的方向"

伴着优美的青春旋律,2023 年 5 月 11 日,学院隆重发布学习党的二十大精神专题 MV 外院版《有我》,充分发挥专业特色和语言优势,"第一班主任"带领 14 位教师和近百位学生,用中文、英语、日语、俄语、法语、德语、西班牙语七种语言填词演唱,倾情用心演绎,唱出对党的热爱,唱出学院师生奋进新时代的使命担当,也向世界传递了新时代外语青年的精神面貌。

与此同时,开展"全球视角,红色足迹,寻访初心"微视频录制,在英国、美国、日本、俄罗斯、法国、德国、西班牙 7 个国家分别选取一处与党史或党史中的伟人相关的"红色足迹",讲述相关历史事件与人物故事,由寻访初心、学习历史、感悟精神到指导实践,在探寻"红色足迹"中开阔青年全球视野。

三、在语言与文化交融中打牢青年专业基础

2023 年 10 月,全国宣传思想文化工作会议召开,首次提出了习近平文化思想。语言是文化的载体和流传媒介,外院提出"双文化导向"的育人理念,教育引导青年学生既要学习语言对象国的文化,也要学习中华优秀传统文化。

语言是文化传承的重要载体,学语言、悟文化、传精神,是语言学习者深度

发展的底层逻辑。"第一班主任"、当代著名作家、翻译家傅光明教授亲赴首都师大良乡校区，以文学的独特叙事为新生讲述老舍、徐志摩、萧乾三位语言文学大家的传奇故事。几位大师在不同的家境与人生际遇中，始终保持勤奋为学、勇敢洒脱，在翻译、文学创作领域成为时代的佼佼者，是外语学子们的楷模。傅老师鼓励同学们打牢专业基础，勇于尝试，勤耕不辍，追寻自己的梦想。

专业本领是外语人的立身之本。学院邀请、聘任各领域专家为"第一班主任"，以身为范，引导学生提高教育教学、提升文化自信、推进社会服务，努力成为新时代"三有"外语青年。

（一）坚守首师姓"师"，强化师范技能培养

"没想到能与这样一位教育大师面对面交流。我一直想成为一名教师，特别是如果能在海淀区成为一名优秀的人民教师，那就太好了！杜老师给了我很多启示，我会继续努力，向着这个目标不断进发！"这是一位英语（师范）专业学生的感言。

这位教育大师就是"第一班主任"、海淀区教育委员会主任杜荣贞，他对接2019级英语（师范）3班，多次与同学们亲切交流。他真诚地希望外院学子加入海淀中小学一线教学工作，并勉励同学们重视职业道德修炼，练就扎实基本功，提升教学组织与沟通能力，提高教育实践能力，虚心求教，乐于反思。他也激励同学们要以"四有"好老师为标准，成为胸怀大爱、师德高尚的优秀教师。

与"大师"同席，听为何为人师，学如何为人师，悟如何为好师。外院青年学子在"第一班主任"的指引下逐渐明晰人生目标，向梦想启航。在"第一班主任"的引领下，外院积极举办"师范风采大赛"。比赛中，外院学子在讲台上语言生动流畅，教态自然大方，教学设计规范标准，课堂组织环节环环相扣，并与台下积极互动，让每一位听众都沉浸其中。这提升了青年学生的师范技能与专业素养，有助于培养更多的新时代"四有"好老师。

（二）坚定文化自信，学习传播中华优秀传统文化

"考古承担着延伸历史轴线，增强历史信度，丰富历史内涵，活化历史场景

的重要使命。"2023 年 4 月 9 日,"第一班主任"雷兴山带领师生实地参观北京考古遗址博物馆(琉璃河遗址),从考古视角理解中华文明。

雷兴山带领师生们深入田间地头,参观北京市西周燕都文物遗址博物馆。他娓娓讲述琉璃河遗址发现的"前世今生",揭秘精美的燕地青铜器、玉器、漆器以及更为古老的各式陶器所具有的巨大考古遗产价值。馆内还原址保留了 4 座燕国贵族墓葬与车马坑,雷兴山一一讲述其中的考古故事,并普及了考古的专业知识。他鼓励同学们要走出"博物馆疲劳",了解文物背后的故事,做到语言与文化并举、知识与德行兼修,努力成为立大志、明大德、成大才、担大任的时代新人。

返回途中,同学们积极分享自己的心得体会,并纷纷表示,一定会努力学好外语知识,并深入了解中华优秀传统文化,在中外文化的对比交融中坚定文化自信,争做有理想、敢担当、能吃苦、肯奋斗的新时代好青年。

与此同时,"第一班主任"、学校图书馆副馆长屈南对接 2021 级德语班,开展"走读北京中轴线"骑行活动,带领学生共品古都文化的深厚底蕴,体验传统文化与现代交融的多元魅力。"第一班主任"、北京市高等学校师资培训中心常务副主任孙彤对接 2021 级英语(非师范)4 班,带领同学们参观北京大学红楼——中国共产党早期北京革命活动纪念馆,重走红色文化,回顾历史,铭记精神。

(三)坚持社会服务,促进大中小学思政一体化建设

"Gracias por todo!"——在六七周的课程后,初一的同学已经能够用简单的西班牙语与老师们互动。"看到他们闪着认真、好奇的大眼睛听我讲课,觉得自己花的 10 倍的准备时间没有白费!"——初为人师的大学生们在实践中逐渐提升能力。

在"第一班主任"的协调下,学院与北京市中小学洽谈,搭建大中小学思政一体化建设平台。"十年协同育英才,西语特色局面开,传承发展见成效,携手攀登创未来。"2023 年 10 月 24 日,2022 级西语班迎来了"第一班主任"、北京市古城中学校长林乐光。这是北京市古城中学与外院合作的第十年,大中小思政

一体化协同育人培养模式已在外院落地生花。北京市古城中学高一、高二西语班全体学生来到外院，与大学的哥哥姐姐们学习交流，开展中外文化趣味知识竞猜活动。同学们用生动的西语朗诵诗歌、演唱歌曲，抒发对前路的美好期盼。

同时，学院聘任北京市育才学校副校长樊颖、北京第三十五中学国际部主管校长吴昊、北京交通大学附属中学分校校长程学军、北京市第五中学副校长郝臣、北京市西城区外国语学校校长范雪梅和副校长殷洪涛担任"第一班主任"，积极与中小学凝聚育人合力，促进学生发展。在此期间，学生积极投身中小学"课后330"服务项目，策划组织了一系列主题式综合学习课程，如"多语游世界""走进英语奇幻文学""英语经典传奇""大话西游——好玩的西班牙语""跟着名人遨游德意志"等。系列课程面向北京10个区县的中小学生以及河北、江西、海南、广东、内蒙古、福建等地的1.5万余名学生进行跨校共享，天南地北的孩子们齐聚云端，同上趣味外语课。在"第一班主任"引领建设的大中小学思政一体化平台中，中小学生收获知识，大学生收获成长。

回顾两年多来的"第一班主任"工作，时任学院党委书记李灵表示："家国情怀有助于青年心怀'中国心'，全球视野有助于青年拥有'世界眼'，专业本领有助于青年秀出'国际范儿'，学院会继续用心架起'三融'语言桥梁，着力培养'三有'外语青年。同时，由衷地感谢学校搭建的宝贵思政工作新平台，让广大青年学生可以直接与校领导、专家教授交流思想，极大提升了外语人才培养的质量。"

未来，学院会更加扎实地贯彻学校"第一班主任"工作，全力推动"第一班主任"深入学生，和学生交朋友，把握学生思想脉搏，掌握学生成长规律，做好学生的政治引导和价值引领，打造更加丰富、更为广阔的"大思政"育人优质生态系统，全面提升思想政治工作质量，不辜负习近平总书记对培养"三有"外语人才的嘱托，向党和人民提交一份优异的答卷。

学生反馈

我们跟随"第一班主任"孙彤老师一同参观了北京大学红楼。孙老师与同学们亲切沟通，给予了我们很多帮助和引导。她激励我们把握青春的朝阳，继续展现年轻一代的蓬勃朝气与无限潜力。她以五四青年为榜样，希望我们在新时代的舞台上展出新风采，书写新篇章。同时，她还向我们讲解如何成为一名优秀教师，如何提升个人技能和素质。窗外虽是凛凛寒冬，我们的心却暖暖的。这次活动使我更加坚定了对中国共产党和马克思主义的信仰，也更加明确了自己的责任和使命。我会牢记"第一班主任"的教导，以梦为马，不负韶华，不断努力成为一名优秀的外语人才，为实现中华民族伟大复兴的中国梦贡献青春力量。

——外国语学院 2021 级英语（非师范）4 班　杨一涵

在与"第一班主任"的交流会上，杜荣贞老师向我们深入分享了其个人学习、成长及工作的宝贵经验，同时详细阐述了海淀教育的发展历程、办学规模及学生整体状况。他诚挚地邀请我们未来能够加入海淀教育的大家庭，共同为教育事业贡献力量。杜老师还鼓励我们要具有强烈的责任感和使命感，勇于直面各种困难和挑战。在职业生涯中，我们应明确自我定位，认识自我，保持积极的心态，并不断提升个人的综合能力。作为师范生，我们更应注重职业道德修炼，练就扎实本领，提升教学组织与沟通能力，增强教育实践能力，虚心向他人求教，在实践中不断反思与提升。

——外国语学院 2019 级英语（师范）3 班　辛晓彤

在本次班会中，我们全班同学有幸与"第一班主任"王老师进行了深入的交流。会上，我们向王老师分享了班级的成长历程以及在大学生活中的点点滴滴。王老师不仅耐心地聆听，还针对我们遇到的难题给予了指导和建议，我们受益匪浅。王老师对我们的教导如同灯塔指引航向，让我们对未来充满信心。我们将珍惜在首都师范大学的宝贵时光，脚踏实地，勤学苦干，立志成为有理想、敢担当、能吃苦、肯奋斗的新时代好青年。我们坚信，在老师们的悉心指导和同学们的共同努力下，我们的班级将会取得更加辉煌的成就，为俄语系、为母校增光添彩。

——外国语学院 2022 级俄语班　张芷榕

"第一班主任"刘营老师带领我们参观了综合档案馆并召开主题班会。在综合档案馆中，我们看到了我校光辉的建校史和杰出校友们。在参观过后，老师带领我们共读党的二十大报告，并且耐心地倾听我们对于未来的学业规划和职业规划等。刘老师对我们的未来规划给出了指导建议，也向我们指出了新时代外语人的使命和担当。我们明白了作为外院学子，我们承担着传播中华文化的使命和责任。因此，我们要学好外语，讲好中国故事，传播好中国声音，向世界展现出更为真实、立体、全面的中国。

——外国语学院2022级德语（师范）班　张瑞琦

躬耕筑思想之基　仰望谱青春之曲
——音乐学院"第一班主任"工作案例

李媛媛　路伟兴　焦　琳

首都师范大学音乐学院在学校"三维班主任"工作体系引领下，汇聚协同育人合力，激发"三全育人"活力，扎实推进"第一班主任"工作建设，先后 3 个批次聘请 11 位音乐教育领域专家、资深艺术家、音乐制作人担任"第一班主任"，覆盖全院本科班级。

在"第一班主任"的带领下，各班级理论与实践紧密结合，积极推进各类文艺活动，用音乐与舞蹈艺术展现学生们的青春活力和精神风貌。通过锻炼，学生们不仅提升了音乐与舞蹈技能，也增强了党性修养和社会责任感。在学校的支持下，在"第一班主任"与专任班主任的共同指导下，学院逐步构建了"思想引领、学业指导、体育精神、美育浸润、劳动育人"的"五育"并举的艺术专业班集体育人新格局，经过不懈努力，先后斩获"北京高校示范学生基层组织（班级）"，校级"十佳班集体""优秀团支部"，"青年服务国家"首都大学生暑期社会实践优秀团队等荣誉称号。本案例将结合学院"第一班主任"工作情况，简述全院同心同德、共育英才的实践实例。

一、勤学践履塑思想，全面引领促发展

中共中央、国务院《关于进一步加强和改进大学生思想政治教育的意见》指出："要积极引导大学生不断追求更高的目标，使他们中的先进分子树立共产主义的远大理想，确立马克思主义的坚定信念。""第一班主任"根据新时期高校艺术类大学生思想政治教育工作面临的新的形势，与班级同学一起不断增强班级工作的创新性，完善机制，推进工作科学化、组织化、规范化、制度化、具体化，以高质量党建引领班级建设高质量发展。

第一，注重引导班级全体同学提高思想认知，切实做到"真学""真信""真

用"，并努力做到"真懂"。结合音乐学院学生党建工作的"6＋1＋1"理论学习机制，"第一班主任"指导班团支部创新理论研学模式，制订符合支部特点的学习计划，围绕主题学习教育书籍目录举办"读书班"等学习活动，开展"学习二十大精神""建团100周年""学习习近平新时代中国特色社会主义思想"等专题课程，团员与群众参与率均达100％。此外，在"青年大学习"活动中，从"党团班一体"发展、班团联动学生宿舍群等角度，多方位、多层次扩大学习覆盖面，发挥支部"1对N"的互帮互学实效，带领广大学生开展理论学习。

第二，注重引导学生理论与实践相结合，通过组织多样丰富的活动，提高学生实践能力，让学生在实践中感悟思想，提升认知。开展以"艺术为爱""青年有为"等为主题的党团班建设活动，以艺术为媒介，表达青年学子对中国共产党光辉历程和伟大精神的理解。开展假期社会实践活动，同学们积极加入学院"党蕴艺心"等实践调研团队，前往西柏坡陈列展览馆、廉政教育馆、中共中央旧址、国家教育安全馆等地，通过实地研学、乡村支教、录制实景微团课、采访老党员模范和乡村建设者等方式，重走红色革命道路，感受党和国家的历史性变革和伟大成就，体悟传承熠熠闪光的红色精神。

第三，邀请"第一班主任"为同学们讲授"大思政课"，通过与学生面对面、心贴心的交流，提升全体同学的思想意识。在"感恩舞台、珍惜平台、敬畏讲台"的"大思政课"中，"第一班主任"鼓励同学们秉持赤子之心，做真善美的使者，将其融入音乐与舞蹈作品当中，不断追求艺术创作的更高境界。为学之实，固在践履，"第一班主任"以党的文艺方针为指导，将"大思政课"从讲台扩展到舞台，积极组织班级开展文艺活动，为同学们提供了展示平台，通过舞蹈艺术传递同学们青春向党的决心，增强同学们的文化自信和民族自豪感。言为士则，传道润心，"第一班主任"紧密结合党的文艺工作要求，将"大思政课"从校内扩展到校外，组织富有创意的文艺表演活动，到中学的音乐舞蹈教育一线交流学习，增强高水平音乐舞蹈教师的专业学习目标和成长动力。

二、加强学风稳建设，刻苦钻研待长成

习近平总书记强调："青年人正处于学习的黄金时期，应该把学习作为首要

任务，作为一种责任、一种精神追求、一种生活方式，树立梦想从学习开始、事业靠本领成就的观念，让勤奋学习成为青春远航的动力，让增长本领成为青春搏击的能量。""第一班主任"推动各班为同学们的学习制定了四个目标。

第一，以学立德。通过学习，进一步促进学生提升思想政治素养和道德水平，坚定理想信念，树立正确的世界观、人生观、价值观。通过积极开展学术、专业修养实践活动，逐步养成严谨求实、刻苦钻研、勤奋创新、互帮互学的优良学风，坚持德艺双馨的理念，严格学术、专业规范，推动课程思政建设与学科专业相融合。

第二，以学增智。同学们认真刻苦夯实专业课与文化课基础，将"有字书"存心入脑。在"一班一课"精品微课项目、本科生班级在线交互精品项目、校级本科生科学研究与创业行动项目中，引领本科生锻炼本领。其中，"素质教育舞蹈课例"项目被评选为国家级项目，已顺利通过中期考核，本科生在第二十一届师范风采大赛"外研社·国才杯"英语比赛中再获佳绩。

第三，以学兴业。习近平总书记指出："要坚持知行合一，注重在实践中学真知、悟真谛，加强磨练、增长本领。"倡导本科生在"无字书"中增长"真本领"，积极投身学生工作，彰显新时代大学生的责任担当，以成长为校、院两级重要学生组织主要干部为目标，努力提升综合素养。目前，学院本科生在校学生会、校团委实践部、校艺术团、校广播台、校志愿服务中心、院学生会等学生组织中担任重要职务，发挥中坚力量。

第四，以学促用。学习的目的在于运用，在于指导实践，引导本科生积极将所学所思转化为课外竞赛成果。学院本科生团队入选第一届"京彩大创"北京大学生创新创业大赛"百强创业团队"，本科生团队作品获第一届"警学联盟·校园无诈"防电诈主题海报和短视频征集大赛"最佳创意短片奖"、第九届中国国际"互联网＋"大学生创新创业大赛市级三等奖、提案中国·全国大学生模拟政协提案大赛校级二等奖、第十三届及第十四届"精创教育杯"创新创业大赛校级三等奖、"挑战杯"首都大学生创业计划竞赛校级三等奖等。同时，本科生个人也荣获航天宏图奖学金暨"智慧地球"小视频创作大赛二等奖、全国大学生职业规划大赛北京市赛银奖、校级大学生职业规划大赛一等奖等荣誉，在收获中体会成长的力量。

三、强身健体淬品格，团队协作同攀登

中共中央办公厅、国务院办公厅印发的《关于全面加强和改进新时代学校体育工作的意见》指出："培养学生爱国主义、集体主义、社会主义精神和奋发向上、顽强拼搏的意志品质，实现以体育智、以体育心具有独特功能。"多个班级以此为目标精心设计与规划体育活动。

第一，加强体育校园文化建设，鼓励本科生参与体育活动，通过全员参与体育赛事增强体质、愉悦身心、锤炼意志、健全人格。各班级积极动员同学们投身学校运动会、班级体育联赛、趣味运动会、拔河比赛、跳绳比赛等活动中，共同增强体育意识。

第二，切实掌握体育技能，达到技能与娱乐双融合，让学生做到"四懂四会"。"四懂"指懂规则、懂技术、懂竞赛、懂团结，"四会"指会比赛、会组织、会裁判、会传播。以各类竞赛为主导，让同学们在参与竞赛的过程中增强体质，提高技能，愉悦身心，舒缓压力，建立规则意识，产生坚韧不拔、团结协作、无私奉献、敢于挑战和担当的体育精神。以体育精神强化体育与思政的融合，把体育思政根植于每位学生心中。

第三，发挥特长，倡导"艺术＋体育"融合模式，鼓励本科生参加市级体育赛事，锤炼品格。学院本科生结合音乐舞蹈专业优势集体组队，在中国大学生篮球一级联赛啦啦操冠军赛（东北赛区）中获得一等奖、最佳表演奖，在全国啦啦操联赛中获得双人爵士自选动作第一名，在中国大学生校园健身操舞锦标赛暨2021年中国大学生中国风健身舞锦标赛中获得集体组第一名、甲派对系列第二名，在北京市啦啦操冠军比赛中获得爵士第一名、双人爵士第一名，在首都高等学校啦啦操比赛获得规定动作第二名、集体花球第二名、甲A组第三名、集体爵士第一名、双人爵士第二名，在首都高等学校健美操艺术体操比赛中获得五级徒手操第二名等 5 项国家级奖项、15 项市级奖项，为校增光。

四、以舞会友诉成长，以美育人谱心声

"美是纯洁道德、丰富精神的重要源泉。美育是审美教育、情操教育、心灵教育，也是丰富想象力和培养创新意识的教育，能提升审美素养、陶冶情操、温润心灵、激发创新创造活力。"在"第一班主任"建设中，学院从一体化教育、热点美育、综合育人能力、自主发展能力四方面重点关注本科生的发展，为本科生将来成为优秀的艺术教育工作者打下良好基础。

第一，坚持一体化教育原则，突破当前纯理论教学模式，把理论和实践活动融为一体，通过多元化音乐、舞蹈实践活动渗透美育教育。班主任、专业教师和辅导员带领本科生深入了解中小学学情，开展各类走访调研，聆听教育故事，着力提升学生们"能教、善编、会演"的教学能力，提升学生们通过表演不同风格的音乐、舞蹈剧目感受艺术价值、感悟美的能力，丰富美育教育形式，循序渐进地提升学生审美能力，促进学生全面发展。

第二，弘扬中华优秀传统文化。中国风音乐与舞蹈迅速走红，戏腔音乐与舞蹈、古风音乐与舞蹈和少数民族音乐与舞蹈受到大众喜爱，这些优秀音乐与舞蹈为美育教育提供了优质素材。学院鼓励本科生在发挥专业特色优势和交叉学科融合方面，将专业理论与教育实践有机结合，展现传统音乐与舞蹈和现代流行音乐与舞蹈的完美融合，展现中华优秀传统文化生生不息的生命力，增强文化自信，落实"以美育人"的教育理念。

第三，积极倡导美育实践落地，每年举办各类舞台实践百余场。"第一班主任"号召本科生积极投身各类精品微课项目、在线交互精品项目以及竞赛活动，通过社区共建教学、课例录制、一线实习等方式，展现音乐与舞蹈师范专业的风采。引导同学们逐步将"被动学"转变为"主动学"，由"倾听者"转变成"体验者"，通过"唱起来""舞起来"让学生身临其境，让美育基因融入血脉，在继承发展的同时，畅想新篇章。

五、落实劳动育人，彰显担当精神与奉献服务

中共中央、国务院印发的《关于全面加强新时代大中小学劳动教育的意见》中要求使学生树立正确的劳动观念，具有必备的劳动能力，培育积极的劳动精神，养成良好的劳动习惯和品质。在"第一班主任"建设中，学院注重培养同学们的劳动意识，倡导同学们"以奉献精神为龙头，以增强社会责任感为根本，以投身志愿服务为路线"发展自身。

第一，校园内，构建上下联合、横纵联动、党群团互动的学生党建工作机制。本科生党支部不断发挥"双中心"引领辐射作用，坚持以学生党支部为中心，辐射带动班团建设；以学生党员为中心，引领召唤团员青年，切实"做起来"，参与"党员先锋岗"，组织全体同学到公寓报到，到琴房报到，融入校、院建设，投身劳动，服务身边同学。

第二，校园外，在实践中弘扬首都师范大学"攀登精神"，勇担青年强国使命。"第一班主任"引领同学们积极参与专项任务及志愿活动。学院本科生完美完成了北京 2022 年冬奥会开闭幕式任务、中国国际服务贸易交易会和第三届"一带一路"国际合作高峰论坛志愿者任务，积极参与北京卫视《劳动最光荣》节目录制，宣传劳动育人理念，共同营造良好的校园环境。在艺术共建中，同学们积极前往中小学、社区开展志愿教学活动，在实践中书写首师故事。"第一班主任"引领同学们走出教室，走进社会大课堂，进入博物馆，广泛参与社会实践，进行义务支教、挂职锻炼、田野调查，在实践中了解社会、服务社会、提升自我、感受劳动，用实际行动服务国家所需，厚植爱国情怀，全面提升对社会的服务力与贡献度。

在全面建设社会主义现代化国家的新征程上，音乐学院将立足"两个大局"，心怀"国之大者"，坚持"五育"并举，全面落实学校第十四次党代会精神，坚定推进"第一班主任"工作建设，持续推进思想政治工作高质量发展，持续培养担当民族复兴大任的时代新人。

学 生 反 馈

　　团支部一直把思想教育作为最重要的任务。我们组织了形式多样的活动，引导团员们深入学习和理解党的理论。通过这些活动，我们的"四个意识"越来越强，对"四个自信"也更加坚定，时刻牢记"两个维护"的要求。

　　在党团建设方面，我们班经常组织大家参加各种志愿活动，这样不仅能培养我们的社会责任感，也能增强我们的集体荣誉感。此外，我们班始终紧密跟随"第一班主任"的思想引导，树立正确的价值观和政治观念。总的来说，我们班一直在努力提升"三全育人"的意识，即全面育人、全程育人、全员育人。我们都在积极向前，不断进步，为未来的发展打下坚实的基础。

——音乐学院 2021 级舞蹈班　孙琪轩

　　在得知我们会受到"第一班主任"这个群体的指导时，我脑海里立刻涌现出一个小小的困惑，"第一班主任"是怎样个"第一"？伴随着他们的"大思政课"，我的困惑逐渐有了答案。

　　"第一班主任"在讲课中强调"三台"，嘱托我们感恩舞台、珍惜平台、敬畏讲台。在日常和同学、舍友的交流中，我们逐渐认识到，想要成为一名合格的舞蹈教师，还有很长的路要走。讲台对于学生是神圣的，对于教师则是庄重的。通过学习提升教学能力的课程，我们对教师身份有了新的认识。我想，老师们身为"第一班主任"的"第一"，就是在思想上坚持树立第一标杆，引领我们在大学生活中向着成为"四有"好老师不断前行。

——音乐学院 2022 级舞蹈班　田　宇

　　"第一班主任"提到的"文明其精神，野蛮其体魄"，是习近平总书记对教育内涵的精辟概括，我也深有所感。这告诉我们，教育不仅仅是学习知识，更要注重精神和体魄的全面发展。作为新时代的青年，我们应该努力成为体魄强健、人格健全、品学兼优的人，这样才能为国家的发展、民族的振兴、人民的幸福贡献

154

自己的力量。作为未来的音乐与舞蹈教师，我深知锻炼身体的重要性。我不仅要自己坚持锻炼，保持健康的体魄，还要鼓励更多的同学一起锻炼，塑造强健的体魄。毕竟，只有身体健康，才能更好地追求梦想，实现自己的价值，为中华民族的崛起贡献自己的力量。

——音乐学院 2021 级录音班　郑慧琳

在与"第一班主任"的交流中，我明白了，作为艺术专业的一员，作为未来即将走上文艺工作岗位、成为艺术领域教育者的学生，我们一定要珍惜当下这个充满机遇的时代，努力创作出既符合大众审美又紧跟时代潮流的优秀艺术作品，用我们的才华和热情去敬畏每一个舞台。

我们 2021 级师范班的同学们时刻铭记老师们的嘱托，不仅在学校组织的大学生党员骨干培训班、跨年晚会、艺术季展演等活动中积极展现自我，更在校外大型文艺活动中绽放光彩，用实际行动证明自己的价值，展现我们这一代大学生的风采和实力。

——音乐学院 2021 级师范班　魏立志

老师们曾告诉我们，劳动教育的真谛在于通过"劳"来促进我们的全面发展。要培养符合时代要求的新人，我们得把劳动教育看得更重一些，建立起一套符合时代特色的劳动教育体系。这样，劳动不仅能提升我们的道德品质，还能促进我们的智力、体质和审美能力的提升，实现德智体美劳全面发展。这既是对马克思主义教育思想的传承和创新，也是对新时代中国特色社会主义教育制度的坚持和完善。

作为未来的教育工作者，我们将努力让劳动成为我们这一代大学生全面发展的鲜明底色。我坚信，通过努力，我们能够培养出更多担当民族复兴大任的时代新人。

——音乐学院 2021 级表演班　刘和静

夯实根基助成才 擎"化"蓝图树新人

——化学系"第一班主任"工作案例

张婷旖 刘姗姗

首都师范大学化学系认真贯彻落实关于加快建设教育强国的新定位、新部署和新要求，牢牢把握首都师大姓"师"的初心使命和高水平研究型大学的办学定位，充分集聚和发挥学校、院系在专业、学科和师资等方面的优势，结合建强教师队伍"主力军"、筑牢课程建设"主战场"、坚守课堂教学"主渠道"，以服务国家和首都基础教育高质量发展的需要，积极探索"中学大学一体化"的"第一班主任"工作新路径、新方法和新模式。

化学系聚焦教育领域"国之大者"和立德树人根本任务，先后分两批聘任学校中层领导、中学校长、中学党总支书记和知名教授共7人担任"第一班主任"，包括时任学生处处长周举坤，良乡校区规划建设办公室副主任周全，时任首都师范大学附属中学副校长兼附中第一分校执行校长、现任首都师范大学附属中学校长卢青青，北京市育英学校常务副校长赵佳，北京市一五六中学党总支书记陈海东，清华大学化学系教授、国家杰出青年基金获得者王朝晖，北京师范大学化学系教授、国家杰出青年基金获得者杨清正，在人员结构上体现了大学教师与中学教师兼顾、教育管理者与专业教师兼顾的特点。

自2021年12月学校正式启动"第一班主任"工作以来，化学系联合系领航班主任、专任班主任，立足化学实验学科特色，以学生党团班级建设为依托，走近学生，了解学生所需所盼，解决学生所急所难，合力打造全面覆盖、重点突出、贯通培养的"三维班主任"思政育人体系，深入开展专题讲座、红色观影、师范技能指导、访企拓岗等教育实践活动，力求懂学生之心、举全系之力、得"第一班主任"工作之效，持续为学生当好新时代卓越教师、勇当"攀登精神"践行者而铺路架桥、添翼赋能、保驾护航。

一、"化学为志"强底色——赓续红色血脉

百年大计，教育为本；教育大计，教师为本。教师是立教之本、兴教之源，承载着实现中华民族伟大复兴伟业赋予高校的战略使命和历史重任。习近平总书记在考察中国人民大学时强调，"培养社会主义建设者和接班人，迫切需要我们的教师既精通专业知识、做好'经师'，又涵养德行、成为'人师'，努力做精于'传道授业解惑'的'经师'和'人师'的统一者"，这正是开展"第一班主任"工作的基本前提。因此化学系认真甄选一批理想信念坚定、综合素质高、责任心强、紧跟时代步伐、践行育人使命的优秀教师和校友担任"第一班主任"，扎实推进思想政治教育工作，引导广大青年学子传承红色基因、赓续红色血脉、树立远大理想、掌握过硬本领。

卓越教师有志，常怀爱国心，常立报国志。"第一班主任"周举坤曾在化学系负责学生工作，对化学系有着十分浓厚的情感，他从学生身心特点和思想实际出发，不断创新思想政治教育的方式方法，引导理科生在实践活动中厚植家国情怀、了解国情民情、增长知识才干。周举坤带领2021级化学（师范）1班学生代表走进北京民族剧院观看《永远的长征》青年学生主题诗诵会，该演出由来自北京不同高校的学生演绎，主题有"我和我的校园""我和我的家乡""我和我的祖国""我和人类命运共同体"等，融思想性、纪念性和观赏性为一体，展现了新时代中国特色社会主义建设中，大学生热爱校园、热爱家乡、热爱祖国和共建人类命运共同体的情怀与理想。化学（师范）1班的同学们在"第一班主任"的带领下，在这场思想生动、言语铿锵、形式多样的"大思政课"中开展沉浸式、情景式研学活动，深情回顾中国共产党的光辉历程，热情讴歌党带领中华儿女在实现中华民族伟大复兴的道路上取得的丰功伟绩，并立志将爱国情转化为奋斗志，接好历史的接力棒，勇当新时代长征路上的主力军，争做社会主义事业的合格建设者和可靠接班人。

卓越教师有爱，厚植爱党情，拼搏荣校行。"第一班主任"周全明确角色定位，践行为党育人、为国育才的初心，倾听学生的成长困惑和发展诉求，了解、把握学生的思想动态和学习生活等情况，特意邀请两位优秀毕业生与化学系

2021级应用化学班的同学们共同开展"学思悟践、知行合一"主题班会。周全为同学们介绍良乡校区的总体规划方案，与同学们一起展望了未来校区的宏伟蓝图。他还为每位同学印制学习材料，并以"学思悟践、知行合一——《习近平关于北京工作论述摘编》导读导学"为题给同学们上了一堂贴合大学生实际的思政课。他殷切嘱托同学们要一心一意听党话，坚定不移跟党走，以知促行、以行促知，做到知行合一，在怀抱梦想和脚踏实地上下功夫，从敢想敢为又善作善成中找出路，一步一个脚印，做有理想、敢担当、能吃苦、肯奋斗的新时代好青年，为今后助推学校建设、社会进步和国家发展贡献青春力量。同学们就专题党课和朋辈分享展开讨论，周全和两位毕业生就同学们提出的问题给予耐心解答，并提出可行的建议。通过主题班会，同学们牢记"第一班主任"的嘱托与期望，明确未来矢志奋斗的发展目标和努力方向，将习近平新时代中国特色社会主义思想转化为坚定理想、锤炼党性、指导实践、推动工作的强大力量，砥砺自身在新时代新征程上顽强拼搏进取，为党的教育事业和学校、化学系发展建设作出更大贡献。

卓越教师有为，勇担爱岗责，助力教育兴。"第一班主任"周举坤认为，提高化学专业人才培养质量和水平是突出化学系教学特色的必要保证，其中专任班主任具有十分重要的作用。他以"聚焦成长：高校班主任工作定位与思考"为题，从教育背景、学生特点、问题挑战、对策思考与工作展望五个方面与化学系专任班主任队伍开展专题培训交流。周举坤指出班级管理的本质是对学生的管理，专任班主任应当采取各种积极的方式方法，加强与学生的有效沟通，教育学生的思想，规范学生的行为，以达到培养学生成为德智体美劳全面发展的社会主义建设者和接班人的目标。尤其在日常开展思想政治教育工作时要特别注意三个聚焦：一是要聚焦发展大局，全面把握经济社会发展整体态势对大学生思想政治工作的要求；二是要聚焦学生需求，加强学生思想引领促进学生学业发展；三是要聚焦社会变革，探索学生思想政治教育工作的数字化转型和智能化发展。

化学系"第一班主任"工作以建强思政组织、把握思政大局、制定思政方案、解决思政难题为职责与使命，带头弘扬中华传统美德和中华优秀传统文化，坚守精神信念高地和人格价值底线，做社会主义核心价值观的坚定信仰者、积极传播者和模范践行者。在言传身教的过程中，用人格魅力、工作成绩和丰富学识感染学生、激励学生，为班级建设提供支持指导，引导帮助学生争当新时代卓越教师，自觉将爱国情、强国志、报国行融入实现中华民族伟大复兴的奋斗之中，把学生培养成为德智体美劳全面发展的社会主义建设者和接班人。

二、"化生为师"固根本——厚植教育情怀

言为士则，行为世范；为学为师，求实求新。教师要严爱相济、润己泽人，以人格魅力呵护学生心灵，以学术造诣开启学生智慧，把自己的温暖和情感倾注到每一个学生身上，让每一个学生都健康成长，让每一个学生都有人生出彩的机会。习近平总书记在回信勉励全国高校广大教师时指出，"立德修身，潜心治学，开拓创新，真正把为学、为事、为人统一起来，当好学生成长的引路人，为培养德智体美劳全面发展的社会主义建设者和接班人、全面建设社会主义现代化国家不断作出新贡献。"深刻阐明了教师承载着传播知识、传播思想、传播真理，塑造灵魂、塑造生命、塑造新人的时代重任，这正是开展"第一班主任"工作的根本原则。化学系明确奋进新征程、建功新时代亟须教育培养一批具有核心竞争力的中国青年，广大教师须赓续百年初心，真正把为学、为事、为人统一起来，更好地担当教书育人的伟大使命。

"四有"好老师当树行之先锋，使命必达，无私奉献。"第一班主任"周举坤以思想引领学生，用行动感召学生，畅通学校和学生之间的沟通、互动、反馈机制。他带领2021级化学（师范）1班同学和专任班主任开展座谈交流活动，围绕如何创设班级管理制度、如何加强班风学风建设和心理健康工作、如何发挥专业特色师范优势、精准发力服务首都基础教育建设等议题展开深入研讨。"第一班主任"与全体同学一起出谋划策，提出探索尝试"发现化学"公开课，并且根据同学们的基础、爱好特长、性格特点等在班级内部建立互相监督、共同进步的学习小组，进而使整个班级形成健康向上的良好学风。在广泛听取学生的意见和建议后，"第一班主任"周举坤因事而化、因时而进、因势而新，进一步联络到班主任黄潇楠副教授所带领的"神奇的美食——分子料理"中学课后"双减"服务学生团队，带动2021级化学（师范）1班全体同学充分发挥专业特长，共同

完成《发现化学》的科普出书任务，使同学们能够在集体讨论中互助共进、在教育实践中教学相长。"第一班主任"使命必达、无私奉献，真正做到想学生所想、急学生所急、办学生之盼，坚守教育报国理想，满足师范生成长成才的发展需求，全面提高思想政治教育工作的针对性和实效性。

"四有"好老师当为学之典范，强识博闻，厚积薄发。"第一班主任"赵佳是北京市海淀区班主任学科带头人，重视"中山大学一体化"培养的创建路径，面向中学改革，立足核心素养。作为"第一班主任"，他对化学师范生的培训提出"三求"：一要"求新"，与时俱进更新师范教育理念；二要"求实"，立足专业课程，不断提高教学科研实际技能；三要"求细"，细化课程目标及课程评价标准，与中学化学教育紧密结合起来。赵佳作为北京市育英学校高中学部校长，以2017年育英学校的课程体系形成"一体两翼"的课程结构为基础，充分发挥学校"九年一贯，十二年一体"的优势经验，在课程体系中有效融入"五育"，将课程体系重新设计为"一线三层五域"，完善化学基础课程体系，并与大学化学教育紧密结合起来，与首都师范大学化学系一起，着重培养化学师范生的职业核心能力，突出专业人才真才实学和综合素质培养。在化学系2023年度的师范生板书点评会上，赵佳结合多个板书模型着重强调了板书应具备的学科素养问题，他引导同学们重视板书设计环节，使板书设计集整体性、艺术性与趣味性于一体，从而达到启发学生学习兴趣、激发学生创新意识的目的。"第一班主任"的强识博闻、厚积薄发，充分彰显了好老师要心怀教育强国的坚定信念，身具授业解惑的高超技能，有为祖国、为人民服务的意识，自觉带领新时代青年学子在民族复兴的伟大征程中持之以恒钻研学术前沿和国家发展需求的真问题。

"四有"好老师当怀国之大者，民之所需，力之所至。"第一班主任"卢青青以"新时代赋予教师新使命"为题与同学们进行分享交流。她指出，教育的根本任务在于立德树人，教育承载着为党育人、为国育才的神圣使命。她还借助丰富生动的案例阐述了新时代背景下教育需求的转变——其中最关键的是把知识转化为核心素养的需求。她勉励同学们作为新时代化学专业教师要勇于实践、追求卓越，全面夯实专业基础、提高政治站位、增强本领担当、强化责任担当，做有理想信念、有道德情操、有扎实知识、有仁爱之心的"四有"好老师，为发展具有中国特色、世界水平的现代教育，培养社会主义事业建设者和接班人作出更大贡献。"第一班主任"的民之所需，力之所至，生动诠释了好老师要始终同党和人民站在一起，自觉做中国特色社会主义的坚定信仰者和忠实实践者，忠诚于党和人民的教育事业，用爱国情怀，点亮理想的灯，照亮前行的路，将个人的价值追求自觉融入为国育人的事业中，为祖国的繁荣富强而奋斗终身。

化学系"第一班主任"工作贯彻"三尺讲台系国运"的主线，带领化学系学生，尤其是师范生，真正把为学、为事、为人辩证统一起来，立志成为有理想信念、有道德情操、有扎实学识、有仁爱之心的"四有"好老师；引导学生继承发扬老一辈教育工作者"捧着一颗心来，不带半根草去"的精神，以赤诚之心、奉献之心、仁爱之心投身教育事业，为党的事业造就大批学识渊博、理想远大、信念坚定的优秀人才，为实现中华民族伟大复兴梦想输送源源不断的生力军，为建设教育强国筑牢希望之基。

三、"化梦为职"展担当——弘扬"攀登精神"

千教万教，教人求真；千学万学，学做真人。习近平总书记强调："希望广大教师不忘立德树人初心，牢记为党育人、为国育才使命，积极探索新时代教育教学方法，不断提升教书育人本领，为培养德智体美劳全面发展的社会主义建设者和接班人作出新的更大贡献。"这正是开展"第一班主任"工作的重要目标。因此，化学系始终坚持认为优秀教师不仅要做知识技术上的模范，更要做道德上的模范、情操上的模范、责任上的模范，把正确的理念传递给青年学生，引导青年学生在教书育人和科研创新上不断展现新作为、创造新业绩。

"攀登精神"践行者练真本领，紧扣时代，敢想敢为。"第一班主任"赵佳在充分总结基础教育实践改革经验的基础上，紧扣化学师范专业培养目标和毕业要求，以三种路径同向发力，全面提升化学师范生的教育实践技能：一是通过带领同学们开展教育见习，在课堂观察、化学课堂教学、实验教学观摩、主题班会等观摩过程中，逐步感受教师的日常工作；二是开展教育研习，在化学教学案例研讨、教育教学论文研读、参与教研活动及中学化学教学研究的过程中，逐步培养化学师范生的教学研究能力；三是开展教育实习，在实践备课、说课、上课、观课、议课和班级管理过程中，利用真实复杂的情境培养化学师范生的教学能力以及学科育人和活动育人能力，践行师德修养。察势者明，趋势者智。赵佳以认真的工作态度、科学的教育方法帮助学生尽快实现从学生到教师的角色转换，引导学生踊跃投身教育创新实践、积极探索教育教学规律，解决新时代化学师范专业学生职业能力的现实困境与实践路径问题，提升新时代高素质教师队伍培养质量和水平。

"攀登精神"践行者做真教育，踏实务实，善作善成。为全面贯彻中共中央、国务院关于高校毕业生就业工作的决策部署，积极落实学校就业工作和"第一班主任"工作方案要求，化学系党政领导班子由副校长马力耕带队，联合招生就业处、校友工作办公室等部门，走访了北京市一五六中学、北京市育英学校、北京市延庆区第一中学、维信诺集团、中关村软件园等学校和企业。在北京市一五六中学，"第一班主任"、该校党总支书记陈海东在座谈会上介绍了学校"精实"育人特色体系建设情况，马力耕表示学校高度重视大学与中小学的教育融合建设，将加强双方在就业服务、人才培养、实践基地建设等方面的深度合作，探索师范类高校精准服务首都基础教育的路径，并代表学校向北京一五六中学授予"首都师范大学教学实践基地"牌匾。在北京市育英学校，该校校长于会祥、"第一班主任"、该校常务副校长赵佳等校领导和化学系校友代表就"第一班主任"、校友工作和校际融合发展等方面进行了深入探讨。化学系"第一班主任"工作坚持"走出去"和"请进来"相结合，充分发挥校领导、院（系）领导示范引领作用，多方搭建毕业生供需对接平台，努力推动毕业生更加充分、更高质量地就业。同时，发挥首都师大姓"师"的特色优势，积极加强与首都中小学在学科建设、师资培养和教学实践等方面的交流合作，持续提升学校人才培养和社会服务能力。

化学系"第一班主任"工作以"弘扬攀登精神，奋力书写建设中国特色世界一流师范大学新篇章"为指引，胸怀"国之大者"，勇担强国使命，引导新时代首都师大学子到新时代新天地中去施展抱负，到祖国和人民最需要的地方去建功立业，全力答好为党育人、为国育才的"时代考题"，为培养有理想、有本领、有担当的时代新人作出卓越贡献。

学生反馈

跟随周举坤老师一同观看《永远的长征》青年学生主题诗诵会，并在会后进行了交流，我真正认识到在国家革命、建设、改革各个历史时期，广大青年与党同心、紧跟党走，敢于拼搏、敢于斗争，攻坚克难、勇挑重担，为争取民族独立、人民解放和实现国家富强、民族振兴贡献了青春力量，建立了重要功勋。我们每一代人有每一代人的长征路，每一代人都要走好自己的长征路。作为新时代中国青年，我们要勇挑时代重任，勇立时代潮头，心怀爱国之情，胸负报国之志，让青春在党和人民最需要的地方绽放绚丽之花。

——化学系 2021 级化学（师范）1 班　阿尔祖古丽·麦麦提吐尔孙

感谢赵佳老师带领我们化学（师范）2 班的同学们积极开展扎实有效的课堂实训活动。我尝试将赵老师讲解的和从其他名师课堂中学习到的方式方法活学活用到实际课堂教学中去，轻松活泼的教学氛围增进了我与学生之间的沟通交流，看到学生们学有所获，我切实体会到作为一名化学教师的幸福，也更加坚定了我要考取化学专业教育硕士的决心与信心。希望未来自己能够在首都教育高质量发展事业中贡献青春力量！

——化学系 2020 级化学（师范）2 班　赵胜博

紧扣"时代新人"培养目标
探索"第一班主任"育人模式
——生命科学学院"第一班主任"工作案例

王 洵

习近平总书记在党的二十大报告中指出，要"在加快推进教育现代化的新征程中培养担当民族复兴大任的时代新人"。为了答好"如何培养时代新人"的重要命题，首都师范大学生命科学学院紧扣培养目标，挖掘资源潜力，融入学科特色，推动"第一班主任"在基层展开生动实践，取得显著育人成效。

一、构筑"一二三四"立体化"第一班主任"工作格局

抓住题眼做答卷，生命科学学院扣准新时代人才培养的新要求，应对新形势思政工作的新挑战，把"第一班主任"融入"大思政课"体系，搭建了具有丰富内涵和清晰外延的系统格局。

（一）锚定"一个"培养目标，坚持把立德树人贯穿始终

学院以习近平新时代中国特色社会主义思想为指导，贯彻落实习近平总书记关于高等教育的重要论述精神，按照"坚持社会主义办学方向，把立德树人作为教育的根本任务"的要求，把"促进学生德智体美劳全面发展，培养学生爱国情怀、社会责任感、创新精神、实践能力"作为目标任务，有的放矢地开展"第一班主任"制度设计和成果检验。

（二）构建"双向"联动体系，双循环促进班级内涵发展

班级作为大学系统育人的最小单元，对学生成长发挥着环境濡染和氛围影响的重大作用。学院一方面通过聘任"第一班主任"，形成资源配置新策略，为班级注入强大"外援"支持；另一方面，通过深耕"雁行引领"党团班一体化建

设，构建"以党建带团建促班建"的良性生态圈，激发班级"内生"动力。内外有效呼应联动，营造不断向上向好的优秀学风班风。

（三）建强"三维"工作队伍，充分发挥协同育人合力

学院历来高度重视人才培养，为每个本科生班级选派年富力强的青年教师作为日常班主任，帮助学生做好学业规划、提供专业支持；选配国家杰出青年基金获得者、"海聚工程"特聘教授、"北京学者"等资深学者担任领航班主任，为学生提供学术导航，培养前沿视野；在现有工作基础上，选聘优秀校友、校内干部、行业专家担任"第一班主任"，高位推进思想引领、价值塑造，形成"以学生为中心"的"三维班主任"育人共同体，实现以"第一班主任"为统领，各育人主体全方位有机融合、协同育人的稳固闭环。

（四）争取"四项"显著成效，引领青年学子成长成才

以"第一班主任"为统领，学院着力提升思想政治工作时代化、科学化、品牌化、融合化，推进实施"四个计划"，努力实现"四个提升"，即实施"思想领航"计划，提升大学生责任感和使命感；实施"强基固垒"计划，提升班集体凝聚力和向心力；实施"筑梦攀登"计划，提升人才培养创新性和前瞻性；实施"青力奉献"计划，提升社会服务参与度和贡献度。

二、做好"一体两翼"协同化"第一班主任"工作部署

"第一班主任"工作是学校落实"大思政课"要求的重要载体和制度创新，而"大思政课"建设是一项基础性、长期性、全局性的系统工程，不能仅依靠单方面的力量，需要多方面密切合作，真正实现协同联动和融合贯通。为此，学院为做好"第一班主任"工作，以院党委为策划驱动主体，有针对性地选聘优秀校友和校内干部作为强劲的工作力量。

（一）发挥党委主体责任，建好"第一班主任"为核心的协同模式

按照《中共首都师范大学委员会关于实施第一班主任制度的意见》要求，院

党委积极落实以"第一班主任"为统领的育人新格局的制度细化和方案落地，始终掌握工作主导权，不断强化主体责任，把"第一班主任"的选聘和建设作为推动新形势下人才培养的重要抓手，将"第一班主任"机制与学院既有"三全育人"资源力量进行深度融合、统筹，制定了学院《"第一班主任"选聘工作办法》《学习贯彻习近平新时代中国特色社会主义思想主题教育"第一班主任"导学育人工作方案》，确定"第一班主任"选聘标准，分三批为全院所有本科生班级备齐"第一班主任"，先后邀请校长方复全院士、党委副书记王大广、纪委书记杨琬等校领导到学院为"第一班主任"颁发聘书，指导"第一班主任"快速适应角色，高效衔接配合，扎实开展工作。

（二）用好优秀校友资源，突出"第一班主任"为龙头的领军效应

学院在近 70 年的办学过程中，培养了大批各行各业特别是首都基础教育系统的中流砥柱。学院把优秀校友作为"第一班主任"的重要来源，既体现了人才培养的连贯性，也增强了学科文化的适配度。在众多校友中，院党委根据育人育德的要求，主要选择三类校友群体：一是任职于教育主管部门，对立德树人根本任务有深入思考见解的校友，如教育部教育质量评估中心副主任、原校长助理江河，北京青年政治学院副院长、时任北京团市委二级巡视员、大学中专工作部部长刘炳全；二是热心参与青年工作，并在从业领域取得显著成绩的校友，如北京市商务局党组书记、局长朴学东（时任北京时尚控股有限责任公司党委副书记、总经理，北京冬奥组委市场开发部部长），北京教育学院纪委书记张润杰；三是投身基础教育事业，具有深厚教育情怀和教育家精神的中学校长、特级教师校友，如北京景山学校校长邱悦，北京市大兴区永华实验学校校长兼北京市大兴区教师进修学校校长、特级教师孙健。他们的共同特质是心怀大我、追求卓越、善于沟通。

（三）发挥校内干部优势，打造"第一班主任"为特色的育人阵地

首都师范大学作为立足首善之区、培养未来教师的综合性高校，领导干部久经"为学为师、求实求新"的校训熏陶，将"师者，人之模范"的理念内化于

心、外化于行，蕴含着丰富的育人潜力。为提升思政工作专业化、专家化程度，满足学生成长发展期待，院党委专门选聘学校党委巡察办公室主任、原政法学院党委书记芦艳芳和招生就业处副处长、就业指导中心主任、原党校办公室主任刘双担任"第一班主任"。两位校内领导干部理论水平高、业务能力强、距离学生近，在班级工作层面创造性地进行了大量实践探索。

三、开展"点面结合"多元化"第一班主任"工作内容

"第一班主任"通过各种形式、各种途径向学生传递党的声音、传播马克思主义理想信念、传承中华优秀传统文化，具体阐释习近平新时代中国特色社会主义思想，激发学生学以报国、奉献社会的价值追求。

（一）及时开展"喜迎二十大，同上思政课"主题班会

2022年10月，党的二十大胜利召开，学习宣传贯彻党的二十大精神是全党全国的首要政治任务。"第一班主任"第一时间下沉到所在班级，召开并主讲"喜迎二十大，同上思政课"主题班会。结合二十大精神的学习宣讲，江河鼓励班级同学树立积极进取的幸福观，培养勤学明辨的习惯和能力，锤炼务实力行的实践品格，立潮头、争先锋，以昂扬的精神面貌为实现中华民族伟大复兴努力奋斗；芦艳芳帮助同学们在世界百年未有之大变局的外部环境和历史节点中认清形势、坚定信心，以时不我待的奋斗姿态，把握大学时光，努力成为德才兼备、全面发展的社会主义合格建设者和可靠接班人；刘双期望同学们保持脚踏实地、努力拼搏的青春斗志，鼓励各位同学心怀国家大局，以国家战略急需的关键领域为目标，在生命科学研究中树立学术目标，勇于攻坚克难。

（二）倾情讲授主题教育"导学育人党课"

为进一步把习近平新时代中国特色社会主义思想主题教育与大学生思想政治教育紧密结合、有效融合，充分发挥"第一班主任"的示范引领作用，2023年上半年，学院开展了"第一班主任"导学《习近平著作选读》系列党课，并通过党团班一体化建设模式，带动班级团员青年共同参与学习、师生共读、提问互

动，反响热烈。朴学东结合曾在北京冬奥组委担任市场开发部部长、参与筹办举办北京冬奥会的亲身经历与感悟，为同学们带来了主题为"'冰墩墩'现象与七种思维"的精彩报告，阐述导学了习近平总书记提出的"七种思维"——战略思维、历史思维、辩证思维、系统思维、创新思维、法治思维、底线思维，勉励全体同学认真学习习近平新时代中国特色社会主义思想，深刻领悟其中的原理和内涵。江河结合在教育部高等教育司工作的研究和思考，围绕习近平总书记在全国教育大会上的讲话《培养德智体美劳全面发展的社会主义建设者和接班人》展开导学，帮助学生系统了解习近平总书记在教育领域的谋篇布局和根本要求，要求大家做到"学、思、重、践"，鼓励师范生夯实专业基础，确立教育理想，厚植育人情怀；刘双以习近平总书记在中央政治局第五次集体学习上的重要讲话精神为导学内容，通过"以教育之强夯实国家富强之基"的主题，以翔实的统计数据和典型案例，系统介绍了教育强国的重大成就、教育强国的基点和龙头、教育强国的重要任务等九方面内容，激励同学们为教育强国写下个人奋斗的生动注脚。

（三）精心设计别具匠心、生动鲜活的情景教育

"第一班主任"不仅高质量地开展体系化主题教育，还各显其能地开设形式多样、引人入胜的"思政小灶"。刘炳全带领刚完成中国国际服务贸易交易会、"一带一路"国际合作高峰论坛志愿服务工作的北京学联驻会主席、志愿者代表，与班级学生共同开展"民族复兴路 青年当有为"专题团课，通过主讲阐述与互动交流相融合的生动形式，探讨了"从所处历史维度出发，如何成为堪当民族复兴重任时代新人"，号召同学们做有理想、敢担当、能吃苦、肯奋斗的新时代好青年。芦艳芳带领同学们开展"辉煌中轴 矢志复兴"主题团日活动，通过参观"读城——探秘北京中轴线"专题展览，通过对北京中轴线的壮美秩序、思想源流、历史发展、保护工作等进行系统、精彩的阐释，通过登上鼓楼观看击鼓报时表演，让同学们触摸古都文化之脊，深深感受"北京之美"，在互动体验中承古通今，融京华大地丰富文脉与"大思政课"，点燃了"文化自信"和"复兴使命"。刘双带领班级学生积极开展职业生涯规划和产业市场调研，赴北京优迅医学检验实验室有限公司开展"访企拓岗"活动，在公司负责

人的介绍下，参观展厅和实验室，对公司文化、硬件设施、科研成果等进行了了解，并与公司管理团队座谈，深入了解了生物医药行业的发展情况、企业规模和人才需求，做好了职前准备。

（四）深度参与学院重要仪式及品牌活动

学院不仅注重在人力资源上与"第一班主任"协同配合，还在情景场域中发挥"第一班主任"点睛之笔的作用，争取育人成效最大化。在学院2023级本科生开学典礼上，孙健作为"第一班主任"和优秀校友代表讲话，为全体新生带来难忘的"开学第一课"。他饱含深情地回忆了30余年前的大学经历及其给后续教学管理职业生涯奠定的坚实基础和深远影响，并从"为学""为人""为事"三个方面寄语新生，期望大家打牢专业基础、广泛涉猎知识，做富有活力、积极向上、诚实正直的人，认真做事、努力成事、聚沙成塔、勇攀高峰。在学院第21届师范生风采大赛决赛中，邱悦担任嘉宾评委，在总结点评中，他充满激情的讲话感染了每名学生：作为未来教师，不仅要注意课程的科学性、严谨性和规范性，还要培养学生的科学素养和探究能力，更要对教育事业充满热爱与追求，尊重和珍视每一个学生，注重发展社会实践和交往能力，努力与学生产生情感呼应和心灵联结。在"党风廉政月"中，张润杰以"党的纪律"为主题，运用深厚的理论知识和实践经验，结合生动形象的案例，从什么是党的纪律、党的纪律的本质、为什么要加强党的纪律建设以及全面从严治党等方面进行了详细解读，帮助同学们端正入党动机，从青年时代筑牢"忠诚""廉洁"的思想根基。

四、凝练"三大四升"可感化"第一班主任"经验成效

（一）工作经验

在院党委的精心部署、周密安排下，"第一班主任"工作开展得有声有色，深受学生欢迎，探索出可借鉴、可推广的有效经验。

1. 着眼大视野，把握"第一班主任"育人的时代性

新时代党的教育方针要求教育者紧紧围绕立德树人的根本任务和为党育人、为国育才的初心使命，推进"大思政课"的理念创新和手段创新。学院注重把握"第一班主任"教育时机，运用开放的教育思维和创新的教育形式，把当前的国际大事、国家盛事、社会时事等话题转化为育人内容，力求增强思想政治教育的时代性。按照"因事而化、因时而进、因势而新"的要求，把"第一班主任"育人工作理念立足时代大潮，工作内容紧跟时代大势，工作定位融入时代大局，将"第一班主任"育人课堂打造成焕发勃勃生机的时代大课。

2. 立足大格局，增强"第一班主任"育人的统筹性

"不谋全局者，不足谋一域。"学院注重从整体系统的工作格局出发，一方面，发挥"第一班主任"的统领作用，根据育人活动的主题需要，日常班主任、领航班主任、学生工作、专任班主任、行政教辅等育人力量协同联动，灵活调整，与"第一班主任"配合开展工作，做到相互补充、彼此强化；另一方面，发挥"第一班主任"的辐射带动效应，将其带领班级学生参与的活动与学院思政工作融合推进，通过"拟发展对象党校""团学骨干培训""新生开学典礼""师范生风采大赛"等育人场域产生惠及全院学生的溢出价值。

3. 厚植大情怀，提升"第一班主任"育人的亲和力

思想政治教育是具有情怀和情感的。教育者怀有深厚真挚的教育情怀、育人情感，必然具备以亲和力为特质的人格魅力，会直接正向影响教育的实效性，这正是学院选聘"第一班主任"的重要标准。"第一班主任"不仅在各自岗位上取得了优秀成绩，还始终感恩母校、心系学院，朴学东在初次与同学们见面时，以"生命科学，带给我们敞亮的人生"为主题深情回忆恩师培养奠定自己人生发展的基石；邱悦亲切地把学生从"师弟师妹"唤作"弟弟妹妹们"；刘炳全改编网络儿歌表达心愿"在首都师大这座花园里挖呀挖呀挖，种教书育人的种子，开成才报国的花"……他们把对家国的爱、对教育的爱、对学生的爱融为一体，让每次与学生的交流都成为一次有温度的情感共鸣。

（二）工作成效

经过近两年的建设，按照"促进学生德智体美劳全面发展，培养学生爱国情怀、社会责任感、创新精神、实践能力"的培养目标，学院"第一班主任"工作取得显著成效。

1. 大学生的责任感和使命感显著提升

"第一班主任"引领学生深刻领悟"两个确立"的决定性意义，进一步增强"四个意识"、坚定"四个自信"、做到"两个维护"，厚植家国情怀、勇担时代使命。本科期间，翟睿、沈倍甜、王睿、张珂4名同学携笔从戎、参军入伍，服役于北部战区边防某部、第83集团军某旅等，其间表现优异，获得各类嘉奖表彰。多名毕业生参与"西部计划"，在新疆生产建设兵团、云南省芒市、云南省昆明市东川区开展支教工作，累计完成近500节教学课程。学生积极踊跃向党组织靠拢，其中3名新疆少数民族学生光荣入党。

2. 班集体的凝聚力和向心力显著提升

"第一班主任"与"雁行引领"党团班一体化建设工作机制双向联动，学院各班级学风好、班风正，团结互助、追求卓越。在学校座谈会上，学生党支部书记的发言汇报获得时任北京市委教育工委副书记郑吉春同志的高度肯定。两年来，先后5个班、团支部获得学校"优秀班集体""先锋团支部"表彰。其中，2020级生物科学（师范）班先后获评"北京市先进班集体""北京高校示范学生基层组织（班级）"，2021级生物科学（实验）班获得学校"十佳班集体"评选第一名，2022级生物科学（实验）班获评学校"卓越班集体"，7号楼410宿舍、8号楼224宿舍连续在学校"十佳宿舍"评选中获得第一名，并获评"北京高校示范学生基层组织（宿舍）"，8号楼229宿舍全员读研深造。学院本科生2023届升学率66%、就业率100%，均位列全校第一。

3. 人才培养的创新性和前瞻性显著提升

随着学院"第一班主任"工作的不断深入，学生学以报国、科研强国的志向明确，立足前沿、突破创新的意识增强。两年来，学生参加各类学科竞赛达700

171

余人次,团队获得全国一等奖 1 项、三等奖 3 项,并获 268 项市级奖励,其中包含 50 项市级一等奖、84 项市级二等奖和 134 项市级三等奖;在"挑战杯"竞赛中,学院夺得北京市特等奖 1 项、一等奖 4 项、二等奖 6 项、三等奖 4 项,主赛道项目获全国铜奖,连续获评学校学科竞赛"优秀组织单位";两名师范生在"田家炳杯"全国师范院校师范生教学技能竞赛中先后获得一、二等奖;学生以第一作者发表 SCI 论文 130 余篇。

4. 社会服务的参与度和贡献度显著提升

"第一班主任"重视在社会大课堂中上好"大思政课",鼓励同学们按照习近平总书记要求的"求真""力行",心怀"国之大者",倾力奉献社会。150 余人次学生参与中国共产党建党 100 周年广场合唱、广场献词、文艺演出和北京冬奥会、中国国际服务贸易交易会、"一带一路"国际合作高峰论坛的志愿服务中;实践项目"走进深山振兴之路,感受伟大红色力量"获评第十一届"挑战杯"首都大学生课外学术科技作品竞赛("红色实践"专项赛)一等奖,调研报告编入《行走的思政课》;暑期实践团队深入云南省曲靖市和昭通市的 8 个县(区)16 个乡镇开展"生态廊道项目"调研,成果获学习强国平台、北京学联、云南省曲靖市会泽县政府和宣威市政府等融媒体平台报道;学生党支部持续与八里庄街道和米市社区开展共建项目,先后荣获北京高校红色"1+1"展示评选优秀奖、校级"精品项目"第一名;学院连续两年与国家自然博物馆联合成功申报中国科学技术协会"翱翔之翼"大学生科技志愿服务项目,其中 2023 年"提升科普能力,助力博物之城"项目被中国科学技术协会评为"优秀+"(100 个项目中排名第六);学院品牌活动"爱鸟周"获得 2021—2022 年度北京市志愿服务大赛银奖;2 支学生团队入选北京市委教育工委首都高校"千人百村"暑期社会实践项目。

学 生 反 馈

首都师范大学党委巡察办公室主任芦艳芳老师作为"第一班主任",三年来多次走进思政课堂与大家面对面交流,不仅在交流会中结合弘扬伟大抗疫精神,切实做好同学们的思想政治引领工作,也与同学们共同走进"辉煌中轴",开展以实践教学为主题的生动的"大思政课"，积极引导青年大学生立大志、明大德、成大才、担大任。芦老师贴近学生需求、融入班级内部，与同学们分享自身工作和成长经历并给予殷切嘱托及鼓励，还引导同学们积极发挥青年力量。大家纷纷表示自己深受触动、受益匪浅，在理想信念、知识学习和品行修养等方面均有了较大提升，并决心以时不我待的奋斗精神，把握大学时光，做德才兼备、全面发展的新时代青年。

——生命科学学院2020级生物科学（师范）班 董羽婷

北京市商务局党组书记、局长朴学东老师自被聘任为班级"第一班主任"以来，从理论学习、职业规划、能力培养、社会服务等多个方面为同学提供了宝贵的指导建议和实践帮助。朴老师为大家带来的"'冰墩墩'现象与七种思维"的讲座赢得了同学们的喜爱，他幽默风趣的演讲不仅让大家在游戏中学习了理论知识，也增强了同学之间的默契度与班级凝聚力。在"就业引领主题团日活动"中，朴老师以自身经历，结合国家发展需要，立足生科学子实际，解答了同学们对将要步入社会的种种疑惑。平时，朴老师也常常询问同学们的学习生活情况，和他的每次交谈，都能极大地丰富我们的理论知识，开阔我们的眼界。

——生命科学学院2021级生物科学（实验）班 张 帅

非常荣幸教育部高等教育司办公室主任江河老师担任我们班的"第一班主任"，江老师是我们身边的知心人、热心人和引路人，他不仅关心我们的学业成绩，更注重培养我们的品德修养和思想素养。他曾多次走进课堂，为我们讲授"大思政课"，了解大家的思想动态、价值倾向、情感态度以及是非观念；他也向我们推荐了许多书籍，引导我们要多读书，鼓励我们要关心国家和社会的发展，积极参与各项志愿活动，不仅要追求学术上的进步，还要有广袤的视野和胸怀。在他的引领下，我们必定会成为有担当、有责任感的新时代青年，为实现中华民族伟大复兴的中国梦贡献自己的力量。

——生命科学学院2022级生物科学（师范）班 徐穆璇

后　记

习近平总书记在党的二十大报告中指出："在加快推进教育现代化的新征程中培养担当民族复兴大任的时代新人。"首都师范大学立足师范特色，创新育人机制，加强思想政治教育工作，坚持"开门办思政"，用习近平新时代中国特色社会主义思想掌舵领航，创新实施"第一班主任"工作，以"大思政"思维构建学校"三全育人"工作新生态，形成具有引领性、示范性、可推广性的工作案例。学生工作系统发挥生力军作用，多方联动，推动协同育人再升级，不断增强大学生思想政治工作的针对性和实效性，使"第一班主任"成为陪伴学生的知心人、关注学生成长的热心人、坚定学生信仰的引路人。

为充分展现学校思想政治教育典型经验与育人成效，推进"第一班主任"工作在新的阶段向纵深发展，学校党委高度重视、指导编写本书。本书由党委学生工作部（处）具体组织编写，党委书记缪劲翔担任主编，党委副书记王大广担任副主编，党委学生工作部（处）部（处）长齐成龙等担任执行主编。各院系党委副书记、辅导员结合工作实际，总结凝练出一个个鲜活的"第一班主任"育人案例和学生成长故事。邓衍雷、王磊、陈炳哲承担编写组统筹联络、组稿统改等工作，晁迪、张智聪承担部分核对工作。本书是首都师范大学学生工作系统集体智慧的结晶。

由于时间和条件限制，书中不妥之处，敬请批评指正。最后，感谢北京市委教育工委宣教处处长于海对本书的指导和支持；感谢学校纪委副书记周举坤对"第一班主任"工作的推进和创新；感谢学校办公室、党委组织部、党委宣传部、各院（系）给予的充分重视和协同配合。本书在编辑出版过程中，还得到了出版社社长高立平及各位编辑老师们的大力支持。在此，向所有参与本书编写工作的人员表示衷心的感谢！

本书编委会

2024 年 4 月